A un fiel predicador de la calle, cuyo nombre desconozco, quien escuchó todos mis argumentos anticristianos, y los respondió con la claridad y el amor del evangelio.

A Derrick Scott y Sean Ensley, quienes oraron con afán para que mi alma no se perdiera eternamente a causa del pecado y la incredulidad, y a fin de que el Señor me rescatara del islam.

Al joven Dwight, mi compañero de habitación, quien soportó con paciencia mi continua oposición, viviendo con gozo y fidelidad para el Señor en un lugar lleno de estudiantes novatos y paganos.

A Mack, Brian, David, Joanna, Nisin y a los estudiantes de *FOCUS* por servir al Señor mediante la predicación del evangelio al pueblo musulmán, al que aman.

Y al Señor de la gloria, quien usó a todos estos vasos humanos para hablarme acerca de las buenas nuevas de su amor; de su ira y de su juicio contra el pecado; de su sacrificio expiatorio a favor de los pecadores; de su resurrección y de su reino; de su segunda venida; de la vida eterna a través del arrepentimiento y de la fe en Él; y de la esperanza y el gozo benditos que provienen de contemplar su rostro.

THABITI ANYABWILE

Prólogo por J. Mack Stiles

EL EVANGELIO PARA LOS MUSULMANES

PALABRAS DE ÁNIMO PARA HABLAR DE CRISTO CONFIADAMENTE

THABITI ANYABWILE

Prólogo por J. Mack Stiles

EL EVANGELIO PARA LOS MUSULMANES

PALABRAS DE ÁNIMO PARA
HABLAR DE CRISTO CONFIADAMENTE

PATMOS

El evangelio para los musulmanes:
Palabras de ánimo para hablar de Cristo confiadamente

Publicado por Editorial Patmos,
Miami, FL. 33169

Otras versiones usadas: NTV (Nueva Traducción Viviente), PDT (Palabra de Dios para Todos) y LBLA (La Biblia de las Américas).

Traducido por Yvette Fernández Cortez | www.truemessage.co
Corregido por Nancy Carrera / Florencia Himitian

ISBN: 978-1-58802-968-3

Categoría: Misiones

Impreso en Brasil | *Printed in Brazil*

CONTENIDO

PRÓLOGO

«No crean que cuando oramos a Dios... y ellos oran a Alá...»

Nos encontrábamos en una conferencia misionera enfocada en la evangelización mundial. La encuesta se relacionaba con los medios de comunicación cristianos, pero aquella mirada arrogante asumía que cualquier persona razonable estaría de acuerdo con la evaluación generosa que él estaba a punto de hacer.

—¿No creen que le estamos hablando al mismo Dios? —concluyó.

—Y... la verdad que no —dije—. En realidad, creo que pensar así es peligroso.

—¿Peligroso? —respondió, mirándome fijamente—. ¿Por qué?

—Bueno —dije—, por supuesto que hay algunas similitudes entre ambas creencias, especialmente si hablamos de ciertas acciones morales. Sin embargo, cuando nos referimos a los temas más importantes (por ejemplo, cómo conocer a Dios) confundir al dios del islam con el Dios de la Biblia hace que el evangelio (punto crucial de nuestra salvación eterna) se torne confuso.

Desearía haber podido darle el libro que usted tiene ahora en sus manos. En el texto de Thabiti no hay confusión. De hecho se trata de un libro que deseé tener hace mucho tiempo, por cuatro razones importantes:

En primer lugar, Thabiti es una persona compasiva. Aunque nunca lo vi amilanarse ante la verdad, tampoco es descortés. Su modo de hablar está lleno de gracia y verdad, y eso se destaca en este libro.

En segundo lugar, Thabiti es audaz. Lo he visto hablar de Jesús en una multitudinaria conferencia de musulmanes, de los cuales la gran mayoría era amigable, algunos estaban muy enojados y todos estaban en desacuerdo. Y, aun así, honró a Dios y no a los hombres diciendo toda la verdad acerca de la cruz. Después de todo, él sabe qué es lo que está en juego. Él mismo cruzó la línea del islamismo al cristianismo. Y lo he visto poner su fe al límite entre sus amigos musulmanes una y otra vez.

Tercero, en un mundo abarrotado de métodos y técnicas, él detalla claramente que el método más importante para estar equipados para transmitir nuestra fe a amigos y vecinos musulmanes es conocer el evangelio del derecho y del revés. Nos llama a confiar en que el evangelio es verdaderamente «el poder de Dios para la salvación». Si usted conoce el evangelio tiene la herramienta más importante que existe para transmitir su fe a un musulmán.

Finalmente, Thabiti convoca a todos los cristianos a que perfeccionen su fe. La doctrina islámica ortodoxa es siniestramente similar a la nuestra al punto de que puede falsificar el cristianismo. Los musulmanes creen que Jesús era simplemente un profeta, no Dios; y que nuestras buenas obras nos dan la entrada al cielo. Creen que la Biblia está corrompida y que, por lo tanto, contiene algunas palabras de Dios pero no es *la* Palabra de Dios. Creen que la expiación substitutiva es un escándalo y que Dios nunca permitiría que su Hijo sufriera el horror del sacrificio y el derramamiento de su sangre en la cruz. Además dicen que, de todas maneras, no somos tan pecadores.

¿Acaso estas doctrinas ortodoxas del islam no suenan como los malentendidos nominales y populares del cristianismo de Occidente? Durante años he escuchado que Dios ayuda a quien se ayuda a sí mismo; que Jesús era solo un gran maestro que enseñaba moral; que la Biblia está llena de errores. Hoy en día hasta la expiación penal sustitutiva de la cruz está bajo ataque y se la presenta como un abuso infantil cósmico. Por lo tanto, no debe sorprendernos que mi amigo de los medios de comunicación de aquella conferencia misionera estuviera confundido acerca de a quién oramos.

Thabiti nos convoca a que agudicemos nuestro pensamiento acerca de los fundamentos básicos de la fe cristiana a fin de que sepamos de qué estamos hablando.

J. MACK STILES
Gerente General de *Gulf Digital Solutions.*
Secretario General de la Hermandad de estudiantes cristianos de los Emiratos Árabes Unidos.

LA RAZÓN DE ESTE LIBRO

Jonathan me hizo una pregunta muy común, luego de un taller sobre evangelización a los musulmanes: «¿Cómo les predicas el evangelio? Yo no me siento capacitado para hacerlo.»

Es una buena pregunta pero contiene un error fatal. Asume que, de algún modo, los musulmanes requieren un evangelio diferente o una técnica especial. Presume que de cierta forma ellos son inmunes al evangelio porque son diferentes a los demás pecadores.

Este libro se escribió para los «Jonathanes» que hacen ese tipo de preguntas o que tienen la sensación de estar mal equipados. Se escribió para que el creyente común comprendiera algo importante: Como cristiano, usted ya sabe todo lo necesario para transmitir efectivamente las buenas nuevas de Jesucristo al pueblo musulmán. El mismo mensaje que nos salvó a nosotros, el evangelio, es el que también salvará eternamente a nuestros vecinos y amigos musulmanes.

En mi experiencia, los cristianos conocen el evangelio pero sencillamente carecen de confianza en el poder que él tiene. Este libro es un llamado a poner nuestra fe en el mensaje que tiene el poder de Dios para la salvación de todo aquel que cree (Romanos 1:16).

No necesitamos nuevas técnicas para hablar de nuestra fe a los musulmanes. Necesitamos confianza en este evangelio, y ellos creerán.

Mi oración ferviente es que este pequeño volumen anime a cada cristiano a creer en la verdad que ya conoce a fin de poder transmitirla con gozo y valentía a los demás.

El evangelio para los musulmanes no es un libro de apologética; no enseña a defender la fe cristiana. La apologética es una disciplina útil pero no es evangelización. El objetivo de este libro no es que usted sepa presentar una buena defensa sino que presente una buena ofensiva al exponer el evangelio a los demás. Por lo tanto, lo que usted encontrará aquí es una ayuda para iniciar una conversación, consejos para evitar cometer ciertos errores (indicaciones acerca de mis fallas al evangelizar), y lecciones bíblicas dirigidas a ayudarlo a que pueda contar la historia del amor y la redención de Dios a través de su Hijo, Jesús.

Este libro está organizado en dos secciones:

La primera parte se concentra en el evangelio en sí. Cubrimos temas clave como: Dios, la humanidad, Jesús, el arrepentimiento y la fe, como para explorar lo básico. Tratamos acerca de la comprensión musulmana y cristiana de estos temas a fin de resaltar sus diferencias para que la evangelización resulte útil. Hacemos referencias al Corán para que el lector pueda, al menos, tener un conocimiento sencillo de algunas de sus enseñanzas. Cuando mencionamos *suras* en el Corán nos referimos a «capítulos». *Ayats* son «versículos». Sin embargo, centraremos nuestra atención principalmente en la Biblia. Así que, leer este libro con la Biblia en mano ayudará al lector a enfocarse en las creencias clave.

La segunda parte ofrece algunas sugerencias prácticas al abordar discusiones evangelísticas con los musulmanes. Entre las sugerencias y ayudas se encuentran los capítulos de la Biblia, la hospitalidad, la iglesia local y el sufrimiento que conlleva la evangelización.

Pareciera que Dios se complace cada vez más en acercar el mundo musulmán a nuestras puertas. La obra de evangelización intercultural y de las misiones nunca ha sido más accesible. Si ponemos nuestra confianza y dependencia en Dios y en su evangelio podemos llegar a ser la generación que vea el mayor avivamiento de la historia entre los pueblos musulmanes.

Esa es mi oración. Y ruego que este libro anime a cada lector a ser parte de la gran obra de Dios.

INTRODUCCIÓN:

EL TRIUNFO DEL EVANGELIO EN LA VIDA DE UN MUSULMÁN

Ella era una profesional muy atractiva. Tenía entre 24 y 26 años. Y seguramente asistió al debate sobre el islam porque un amigo la invitó. Con paciencia siguió de cerca cada palabra, mientras otros hacían preguntas y tomaban notas. Finalmente, la multitud se disipó y ella me agradeció tímida y amablemente la charla.

Luego, su mirada. Había visto esa mirada muchas veces. Y en un instante aquel gozo, antes prohibido y ahora inefable, surgió en su rostro. Las lágrimas corrían, pero su rostro irradiaba luz. Sus ojos se habían vuelto ligeramente atrevidos a causa de la emoción. Me contó que su familia era de Irán. Pero ahora vivía y trabajaba en los Estados Unidos junto a sus padres ya que, de acuerdo con sus costumbres, debía estar bajo el cuidado de ellos hasta que se casara. Sin embargo ella guardaba un secreto. Durante las últimas dos semanas había escuchado el evangelio de Jesucristo, lo había aceptado como su Salvador y ahora lo amaba.

«No sé cómo decírselo a mis padres, ni sé bien qué sucederá. Pero nunca estuve más feliz en mi vida. No sé cómo explicarlo... Solo sé que estoy muy contenta». Nuevamente lágrimas. Y más brillo en su rostro.

El evangelio «es el poder de Dios para la salvación de todo el que cree; del judío primeramente y también del griego» (Romanos 1:16, LBLA). ¡Y también del musulmán!

A veces creo que los cristianos dudan de esta verdad poderosa: que el evangelio es el poder triunfante de Dios en la vida de todos y de cada uno de los que creen. Como si creyéramos que cierto tipo de personas están más allá del alcance salvador del evangelio. Ciertamente, muchas veces hemos pensado que los musulmanes se encuentran más allá del alcance del evangelio y que son inmunes al poder que este tiene.

Sin embargo, contrariamente a nuestra incredulidad, el evangelio de Jesucristo definitivamente está triunfando en el corazón, la mente y la vida de innumerables hombres y mujeres de diversos trasfondos musulmanes. Yo soy uno de ellos.

Estuve perdido durante una parte significativa de mi vida. Separado de Dios a causa del pecado, dediqué mi tiempo a realizar muchas actividades, y a desarrollar pensamientos y actitudes opuestas al evangelio. Y ello se acentuó aún más cuando viví como musulmán practicante.

Me convertí al islam cuando cursaba segundo año de la universidad. Años atrás me había enojado con la vida. Mi padre había abandonado el hogar cuando yo tenía catorce años. Así que estaba enojado con él. Justo antes de mi penúltimo año del bachillerato me arrestaron y muchos de mis amigos se alejaron de mí. Por lo cual también me enojé con ellos. Entre mi último año del bachillerato y el primero de la universidad descubrí a los radicales de los años sesenta, como Malcom X, Amiri Barak y muchos otros, lo cual hizo que mi enojo fuera en aumento. Leer la historia de los africanos y los afroamericanos me llevó a enfadarme contra toda la gente de raza blanca. Cuando terminé el primer año de la universidad ya era un joven militante impulsivo, que hervía no solo de enojo sino también de odio.

El islam dice que existe una manera de controlar y canalizar ese odio. Es lo que promete. Sin embargo, yo viví algo completamente diferente.

Mi enojo y mi odio hacia los blancos encontró un representante perfecto, que era mi máximo objetivo: un Jesús rubio de ojos azules. Y, aunque tenía respeto por el «verdadero Jesús», quien había sido un profeta de Alá, me convertí en enemigo de la cruz. Me deleitaba en contrariar a los estudiantes cristianos del campus y en lanzar cualquier argumento en contra del cristianismo. Negaba la resurrección, y sermoneaba a los que creían en ella como si fueran bobos o cortos de mente. El cristianismo era un gran argumento creado por los engañosos «seguidores» mal informados acerca del «verdadero Jesús». Y yo era celoso del islam, «la religión perfecta para el hombre negro».

Luego llegó el Ramadán, un tiempo de gran disciplina espiritual, oración y estudio. Así que me levanté antes del amanecer para leer el Corán y prepararme para la oración matutina. Aún sentía vestigios de sueño. Me acomodé en el sillón de mi escritorio. Y, mientras leía el Corán, sentí dentro de mí una firme convicción: *el islam no puede ser verdad.*

Como musulmán, me había devorado el Corán tantas veces como pude, siendo de mi particular interés los pasajes que me ayudaban a hablarles a los cristianos acerca de sus «errores y opiniones confundidas». Eso significa que había tenido en cuenta las enseñanzas del Corán acerca de Jesús. Sin embargo, lo que descubrí sencillamente no compatibilizaba con los argumentos del islam.

El Corán enseña claramente que Jesús nació de una virgen y que no tuvo padre terrenal (Sura 3:42-50). Enseña que la Torá, los Salmos de David y los Evangelios son libros revelados por Alá (Sura 4:163-165; 5:46–48; 6:91–92). Y en muchos pasajes el Corán, que fue escrito aproximadamente seiscientos años *después de*

Cristo y de los apóstoles, manifiesta tal confianza en esas porciones bíblicas que invita a la gente a juzgar la verdad usando la misma Biblia (Sura 3:93–94; 5:47; 10:94). El Corán no enseña en ninguna parte que la Biblia está corrompida ni que fue modificada, sino solo que algunos ocultaron su significado, lo malinterpretaron o se olvidaron de su mensaje. Así que, para mí, cualquier musulmán que desee tener argumentos consistentes y ser honesto intelectualmente debe aceptar las enseñanzas de la Biblia.

Cuando empecé a leer la Biblia, en primer lugar, asumí que encontraría textos que confirmarían o señalarían al Corán, y luego me desesperaba por encontrar las supuestas profecías que hablaban en contra de Mahoma. Sin embargo todo ello era fruto de mi confusión y no tenía ninguna base. El islam no es la verdad. La afirmación de que es el fin y el sello de todas las religiones, y su profeta el último y el sello de todos los profetas, sencillamente no tiene fundamento.

¿Cómo pudo Jesús haber nacido de una virgen, tal como enseña el Corán, y no ser el Hijo de Dios, como enseñan tan claramente los Evangelios? ¿Cómo puede sencillamente no aparecer en el islam el tema de la expiación y el sacrificio que tanto se mencionan en la ley de Moisés y en los Evangelios? Y lo más inquietante de todo: ¿Cómo podrían ser expiados mi maldad y mi pecado sin un sacrificio perfecto que ocupara mi lugar?

Mi pecado era real y el islam no me ofrecía una solución real para ello.

Había creído en la explicación del islam acerca del desarrollo de la religión y la sociedad: «El judaísmo es la escuela primaria, el cristianismo es la secundaria, pero el islam es la universidad». El islam me había fortalecido haciéndome creer que su sistema de leyes y rituales cubría todas las necesidades de la vida y respondía las incógnitas. Una teología e ideología falsas habían dominado mi vida.

Cuando concluí este periodo de estudio y exploración estaba convencido de que el islam no era verdadero. Y, aún más, estaba completamente seguro de que *todas las religiones eran falsas*. En lugar de buscar a Cristo me incliné en la búsqueda del mundo. En lugar de confiar en Dios decidí confiar en mí mismo.

Y, en medio de esa búsqueda idólatra, el Señor me interceptó y me llevó a humillarme cuando mi esposa perdió a nuestro primer hijo. En medio de mi depresión prendí la televisión. Y, por razones que no podría explicar, comencé a mirar a un predicador que estaba exponiendo 2 Timoteo 2:15. No era un mensaje particularmente evangelístico, sin embargo ese sermón estaba lleno de vida y poder. Trataba sobre el estudio de la Palabra de Dios y los hábitos del cristiano.

Con el tiempo, mi esposa y yo visitamos la iglesia donde servía este pastor. Nos sentamos a unas siete u ocho filas del púlpito. Aunque la iglesia estaba totalmente llena, con siete u ocho mil personas en aquel servicio, sentía que el predicador y yo éramos los únicos en el salón.

El sermón, tomado de Éxodo 32, se titulaba: «¿Qué se necesita para hacerlo enojar?» Imagínese. Era la primera vez que yo, luego de haberme hecho musulmán y habiendo sido consumido por el enojo por más de una década, entraba a una iglesia. ¡Y además el predicador justo estaba hablando sobre el enojo! Sin embargo, no era lo que yo pensaba. El sermón analizaba cuidadosamente el pecado, la idolatría y sus consecuencias. Y el pastor desafió a la congregación a desarrollar una indignación justa y piadosa hacia el pecado, a odiarlo y a volverse a Dios.

Mientras la santidad y la justicia de Dios se iban develando en las Escrituras yo estaba fascinado. De pronto, sentí un remordimiento extraño y un alerta que verdaderamente me despertaron cuando el pastor comenzó a explicar la doctrina del pecado. Me sentí redargüido, culpable ante este Dios santo que juzga toda impiedad.

Luego, con un discurso claro pero hermoso, el predicador exaltó la persona de Jesús. ¡He aquí el Cordero de Dios! Él era el sacrificio anticipado en el Antiguo Testamento y ejecutado en el Nuevo. En Jesús se encontraba la redención. Definitivamente, el Hijo de Dios sin pecado había venido al mundo para salvar a todo el que creyera; ¡incluso a un antiguo musulmán que era un determinado y declarado enemigo de la cruz!

«¡Arrepiéntanse y crean en el perdón de sus pecados!», invitó el pastor. Ese día, con generosa bondad, Dios nos libró a mi esposa y a mí de nuestros pecados, y nos llevó a Jesús en arrepentimiento y fe. Literalmente, de un día para el otro, Dios rompió misericordiosamente el enojo y el odio que durante años me habían dominado. El evangelio de Jesucristo triunfó donde ningún otro poder había logrado hacerlo. Y me libró de las garras del pecado y de la oscuridad del islam.

El evangelio es el poder de Dios para salvación de todo aquel que cree. Yo vi ese poder en el rostro de aquella joven iraní. Vi ese poder en los rostros de la gente de trasfondo musulmán tanto en los Estados Unidos como en el Medio Oriente. Experimenté y recibí ese poder personalmente por medio de la fe en Cristo.

Y confío que este mismo evangelio en sus manos producirá la misma conversión y vida nueva en los musulmanes que el Señor ponga en su camino. Por esa razón escribí este libro: para animar a todos los cristianos a que crean en el poder extraordinario del evangelio.

PRIMERA PARTE

EL EVANGELIO

1

¿A DIOS LO LLAMAN DE OTRA FORMA?

Si hay algo en lo que un musulmán cree es que existe un solo Dios. De hecho, la confesión cardinal del islam es: «Hay un solo Dios, y Mahoma es su mensajero.»

Un niño musulmán puede haber escuchado recitar esa confesión miles y miles de veces antes de saber hablar. Justamente la primera acción que deben realizar los convertidos al islam es hacer esa afirmación.

Para el musulmán la unicidad radical de Dios —que existe un solo Dios sin compañeros ni otras personas— separa al islam de todas las religiones paganas del mundo. La máxima blasfemia para el islam es *shirk*, o sea decir que Dios tiene otros compañeros. Nada puede ser más repugnante y deshonroso para la mentalidad musulmana.

Cuando me convertí al islam, la unicidad esencial y simple de Dios era una doctrina muy atractiva. Como le sucede a mucha gente, me resultaba difícil comprender la complejidad de la doctrina cristiana acerca de la Trinidad. ¿Cómo puede Dios ser uno y tres personas a la vez? ¿Y cómo puede una de las personas de la Trinidad, Jesús, ser completamente Dios y completamente hombre? La Trinidad desafía la comprensión, y el islam ofrece un punto de vista más acorde al razonamiento humano.

ACEPTAR EL MISTERIO

Hoy en día la tarea de los cristianos de proclamar el evangelio y de persuadir a sus vecinos y amigos musulmanes depende, en parte, de que acepten fielmente el misterio de la Trinidad: Dios Padre, Dios Hijo y Dios Espíritu Santo. Muchos cristianos apoyan con cierta liviandad esta doctrina fundamental de la fe, lo que fomenta discusiones con los musulmanes. Pero ¿qué podría ser más apropiado que admirar a Dios y estar extasiados no solo por sus obras sino por su misma Persona? Después de todo, Él es Dios.

¿Por qué la prueba de fuego de nuestra visión de Dios debe ser el razonamiento humano, cuando musulmanes y cristianos estamos de acuerdo en que Dios está mucho más allá de todo lo que podamos imaginar o pensar? ¿Cómo podríamos conocer a Dios si Él no se hubiera acercado y revelado a nosotros?

Así que, desde el inicio, cualquier discusión acerca de Dios requiere cierta humildad. Por eso Santiago exhorta a sus lectores a «que puedan recibir con humildad la palabra sembrada en ustedes» (Santiago 1:21). Nunca podremos conocer a Dios a menos que Él se revele a sí mismo a nosotros. Y, si es así, recibir *lo que sea* que nos revele de sí mismo es necesario y aleccionador.

RELIGIÓN REVELADA

Tanto el islamismo como el cristianismo aseguran ser la religión revelada. Eso significa que ambos dependen de textos sagrados en los que Dios se revela a sí mismo y revela su voluntad a la humanidad. Así que tanto el musulmán como el cristiano deben asumir la postura de recibir e identificarse con el carácter y la obra de Dios.

Reciben de parte de Dios lo que Él desea que ellos sepan.

Esto nos lleva a hacernos una importante pregunta: ¿Qué deben pensar los cristianos acerca del Corán? ¿Y qué los musulmanes acerca de la Biblia?

Muchas veces, en su afán por explicar y mostrar las buenas nuevas de Jesucristo a sus vecinos y amigos musulmanes, los cristianos basan sus argumentaciones en atacar el Corán.[1] Sin embargo, por el contrario, su atención debería centrarse en ayudar a sus amigos musulmanes a entender por qué deben aceptar con humildad que la Biblia es la revelación de Dios y que deben creer en su mensaje.

Dios es bondadoso tanto con los musulmanes como con los cristianos que realizan la labor evangelística. El Corán mismo presenta con suficiente amplitud la razón por la cual los musulmanes deben aceptar la Biblia. En diversos textos confirma partes de la Biblia como la revelación de Dios. Y debido a la intención de muchos musulmanes de poner a prueba y refutar la Biblia, esos pasajes son suficientes para guiar una conversación hacia el terreno fértil para el evangelio.

Por ejemplo, el Corán enseña que:

> No han valorado a Alá debidamente cuando dijeron: «Alá no ha revelado nada a un mortal». Di: «*Y*, ¿quién ha revelado la Escritura *que Moisés trajo, luz y dirección para los hombres?*» (Sura 6:91, énfasis añadido).

> Tú Señor, conoce bien a quienes están en los cielos y en la tierra: Hemos preferido a unos profetas más que a otros. Y *dimos a David (el don) de los Salmos* (Sura 17:55, énfasis añadido).

> No les entristecerá el gran terror y los ángeles saldrán a su encuentro [saludándose mutuamente]: «¡Este es vuestro

> día, [el día] que se os había prometido! Día en que plegaremos el cielo como se pliega un pergamino de escritos. Como creamos una vez primera, crearemos otra. ¡Es una promesa que nos obliga y la cumpliremos! *Hemos escrito en los Salmos* después del mensaje (dado a Moisés): que la tierra la heredarán Mis siervos justos.» (Sura 21:103-105).

> *Hicimos que le sucediera Jesús, hijo de María, en confirmación de lo que ya existía de la Tora. Le dimos el Evangelio, que contiene Dirección y Exhortación para los temerosos de Alá. Que la gente del Evangelio decida según lo que Alá ha revelado en él. Quienes no decidan según lo que Alá ha revelado ésos son los perversos.* (Sura 5:46-47).

La primera cita se refiere a los paganos incrédulos que no creen que Dios ha hablado. La prueba que se presenta en el Corán no es del Corán mismo, sino «el Libro que trajo Moisés… una luz y guía para el hombre». En otras palabras, la Torá o Pentateuco —los primeros cinco Libros de la Biblia— se ofrece como prueba confiable tanto para los paganos como para los musulmanes de que Dios envió la revelación divina a la tierra. Entonces, esos Libros deberían ser aceptados como una base suficiente para las discusiones evangelísticas con los musulmanes.

Nótese también que en la última cita (Sura 5:47), al «pueblo del evangelio» se le dice que juzgue todas las cosas por medio de lo que está escrito en los Evangelios. Seiscientos años antes de Cristo el Corán registra que aún el profeta Mahoma entendía y enseñaba que los Evangelios eran confiables para llegar a la verdad. Sura 10:94 dice: «Si tienes alguna duda acerca de lo que te hemos revelado, pregunta a quienes antes de ti ya leían la Escritura. Te ha venido de tu Señor la Verdad. ¡No seas, pues, de los que dudan!» (Ver también 16:43; 21:7). Aquí es donde el Corán admite que la

Biblia es suficiente en asuntos de fe y conducta, y requiere que los musulmanes no estén entre «aquellos que dudan» de ella. ¡Es más, a los primeros musulmanes se les dijo que pidieran claridad a los cristianos, quienes habían estado leyendo la Biblia antes que ellos!

Si eso no fuera suficiente para establecer la confiabilidad de la Biblia como revelación proveniente de Dios, en todo el Corán se enseña a los musulmanes que «*nada puede alterar las palabras de Dios*» (6:34; 10:64; 18:27). Según el Corán, Alá promete cuidar la revelación y protegerla de la corrupción (15:9).

Como cristianos sabemos que estos dichos encuentran su expresión en primer lugar en la Biblia: «Tu palabra, Señor, es eterna, y está firme en los cielos» (Salmos 119:89; ver 1 Pedro 1:24-25). Jesús enseña: «Es más fácil que desaparezcan el cielo y la tierra que caiga una sola tilde de la ley» (Lucas 16:17); y: «El cielo y la tierra pasarán, pero mis palabras jamás pasarán» (Mateo 24:35).

Si nuestros amigos musulmanes son consistentes con sus propias enseñanzas deben aceptar la Torá, los Salmos de David y los Evangelios como revelaciones puras de Dios. Al evangelizar no se trata de que aceptemos que el Corán es una revelación inspirada por Dios, sino de empujar amorosamente a nuestros vecinos y amigos musulmanes hacia la conclusión lógica de que *el Corán requiere* de la Biblia, una revelación de Dios digna de confianza.

Podemos tener total confianza en que la Biblia, si se lee y aplica en el poder del Espíritu Santo, cumplirá el plan salvador de Dios. «Así como la lluvia y la nieve descienden del cielo, y no vuelven allá sin regar antes la tierra y hacerla fecundar y germinar para que dé semilla al que siembra y pan al que come, así es también la palabra que sale de mi boca: No volverá a mí vacía, sino que hará lo que yo deseo y cumplirá con mis propósitos.» (Isaías 55:10-11).

La pregunta crítica que los musulmanes deben considerar, y en la que los cristianos deben insistir, es: ¿Qué revela, entonces, la Biblia acerca de Dios que nosotros debamos aceptar con humildad?

PUNTOS EN COMÚN

Ciertos temas entre musulmanes y cristianos no están en discusión en lo que se refiere a los muchos atributos de Dios. Los musulmanes están animadamente de acuerdo con los cristianos en que Dios es soberano, omnisciente, omnipotente, misericordioso, justo, santo, recto, benevolente y otras cualidades. Ambos grupos mantienen la creencia en las perfecciones morales de Dios. Y ambos creen que hay un solo Dios.

Existen, por lo menos, dos implicaciones en este acuerdo sustancial:

1. Los musulmanes y los cristianos tienen la misma relación con Dios en cuanto a Creador y criatura. Ambos reconocen el derecho y la realidad irrefutables del gobierno de Dios y de nuestro deber ante Él como criaturas suyas.

2. Entonces, ambos reconocen que toda la humanidad deberá rendir cuentas a Dios por su vida en la tierra. Y, como Dios es moralmente perfecto, Él juzgará a todos los impíos y castigará a los malvados. Por lo tanto, ambos tienen una pregunta en común, vitalmente importante y aleccionadora: ¿Cómo puede alguien reconciliarse con Dios y entrar en su presencia?

La respuesta a esa pregunta está intrínsecamente ligada a lo que Dios mismo revela acerca de quién es Él. En otras palabras, la doctrina y la persona de Dios no pueden estar divorciadas de la obra de salvación. Este es el punto en el que los musulmanes y cristianos se dividen y en el que los cristianos deben aferrarse a la Trinidad.

¿UNA ROSA CONOCIDA CON OTRO NOMBRE?

Años después de haber dejado atrás el islam y recibido a Jesucristo como mi Salvador y Señor, tuve el privilegio de visitar mi ciudad natal, donde se llevaría a cabo un debate con los musulmanes locales. Los organizadores planearon una mesa redonda enfocada en las siguientes preguntas: «¿Quién es Dios?» y «¿Cómo es Él?».

Luego de una hora de discusión no se llegó a ninguna conclusión. Uno de los participantes continuamente intentaba evitar hablar acerca de las diferencias entre el islam y el cristianismo, diciendo: «Nosotros servimos al mismo Dios. Se trata del mismo Dios con nombres diferentes.»

Debo confesar que me sentí frustrado ante esa respuesta simplista e inútil. Desearía haber sido más paciente y bíblico, pero mi réplica pareció alcanzar el objetivo. Me dirigí hacia aquel caballero, a quien llamaremos «Rahim», y le dije: «Discúlpeme, *Tony*».

Por un momento se mostró perplejo, y contestó: «¿Disculpe?». Yo insistí nuevamente: «Disculpe, *Tony*», esperando que Rahim me contestara.

Él miró al público, como diciendo: «¿Qué está sucediendo?» Así que insistí, mirándolo directamente a los ojos, y le pedí: «*Tony*, por favor, ¿me podría pasar la Biblia que está en la silla frente a usted?»

Ya para ese momento Rahim se sentía frustrado, y me dijo: «Hombre, mi nombre no es Tony. Es *Rahim.*» A lo cual respondí: «Si espera que lo llamen de un modo apropiado y que lo reconozcan por quien usted es, ¿por qué, entonces, cree que Dios puede estar de acuerdo en que se dirijan a Él con cualquier otro nombre escogido por aquellos que le hablan?»

Desearía no haber permitido que mi frustración arruinara todo en aquel momento. Debería haber sido más paciente y caritativo. No recomiendo a nadie que le hable a otro de esa forma. Lo mejor es decir la verdad en amor. Aunque a veces es necesario delinear bien la cancha para poder ser comprendidos. Luego de eso, el debate continuó con mucho más sentido. Cuando delineamos la cancha debemos hacerlo con amor porque estamos representando al Dios amoroso que queremos dar a conocer.

INVOCAR EL NOMBRE DEL SEÑOR

En toda la Biblia leemos que invocar el nombre del Señor es sinónimo de recibir su salvación. Hallamos que Abraham invocó el nombre del Señor después de que éste se le reveló (en ese entonces, Abram), le hizo promesas y lo libró de sus problemas (Génesis 12:8; 13:4; 21:33).

El salmista nos muestra la liberación salvífica de Dios como resultado de invocar su nombre:

> Los lazos de la muerte me enredaron;
> me sorprendió la angustia del sepulcro,
> y caí en la ansiedad y la aflicción.
> Entonces clamé al Señor:
> «¡Te ruego, Señor, que me salves la vida!»
> ...¡Tan solo brindando con la copa de salvación
> e invocando el nombre del Señor!
> (Salmos 116:3-4, 13).

El profeta Joel predijo un día de juicio enorme y terrible, en el que solo aquellos que invocaran el nombre del Señor serían salvos (Joel 2:31-32). Los profetas Sofonías (3:8-10) y Zacarías (13:8-10) predijeron juicios similares y describieron una huida o salvación precisamente en los mismos términos: «Invocarán el nombre del Señor».

No es de sorprenderse, entonces, que los escritores del Nuevo Testamento describieran la salvación como el invocar el nombre del Señor. El apóstol Pedro en el primer sermón que se registra, dirigido a la iglesia primitiva, cita al profeta Joel (Hechos 2:14-21) y aplica su mensaje directamente a la vida, crucifixión y resurrección de Jesucristo, como «Señor» y «Mesías» (versículos 21-38). En Hechos 4, Pedro afirma que fue en el «nombre de Jesucristo de Nazaret» que un hombre manco fue sanado, y que «en ningún otro hay salvación, porque no hay bajo el cielo otro nombre dado a los hombres mediante el cual podamos ser salvos» (Hechos 4:10-12). El apóstol Pablo también cita a Joel 2:32 cuando escribe a la iglesia en Roma: «todo el que invoque el nombre del Señor será salvo» (Romanos 10:13), igualando explícitamente el invocar el nombre del Señor con la salvación del pecado y del juicio, tanto para el judío como para el gentil.

Sin embargo, «invocar el nombre» no se reduce solo a decir Jesucristo de Nazaret. Definitivamente, eso está incluido pero contiene otras cuestiones. En la Gran Comisión el mismo Señor Jesús encarga a sus discípulos que hagan más discípulos, bautizándolos «en el nombre del Padre y del Hijo y del Espíritu Santo» (Mateo 28:19). Observe que «nombre» se encuentra en singular en este versículo. El nombre de Dios completo es Padre, Hijo y Espíritu Santo.

Invocar el nombre de Dios es invocarlo plenamente en el nombre de la Deidad, de la bendita Trinidad, un solo Dios en tres personas.

¿POR QUÉ LOS CRISTIANOS DEBEN APEGARSE A LA TRINIDAD?

¿Por qué es tan importante? ¿Está bien que los cristianos armen tanto alboroto por el hecho de que Dios es un solo Dios en tres personas? ¿Por qué mejor no concentrarse en Jesús y evitar así las complicaciones que ocasiona hablar acerca del misterio de la Trinidad? ¿O por qué no conformarse con usar el término *Dios* y permitir que los oyentes le den el significado con el que se sientan más cómodos?

Existen muchas razones. Sin embargo, creo que sería importante que usted tenga por lo menos 3 en mente:

1. Estamos obligados a aceptar en humildad lo que Dios reveló acerca de sí mismo. Después de todo, nosotros somos criaturas y

Él es el Creador; nosotros somos finitos y Él, infinito. Aceptar y mantener la Trinidad como el núcleo de la fe cristiana es decirle a Dios: «Te creo a ti y creo en tu revelación; no lo que digan los demás, ni lo que yo piense». En resumen, creer y defender la Trinidad es esencial para la fe y el testimonio cristiano genuino.

2. Negar la Trinidad es cometer idolatría. En este punto el cristiano y el musulmán tienen diferencias irreconciliables. No podemos sostener que Dios es un solo Dios en tres personas y, al mismo tiempo, aceptar que es radicalmente uno y que no existen otras personas en la Deidad, tal como creen los musulmanes. Sería aceptar una contradicción. Sería negar la revelación que Dios hizo acerca de sí mismo y tallar un ídolo con las herramientas de nuestra propia imaginación. Dios es celoso de su nombre. Y llama a su pueblo a que lo adore «en espíritu y en verdad» (Juan 4:24). Deponer la Trinidad nos vuelve hacia la idolatría y nos aleja de la verdadera adoración espiritual al único Dios viviente.

3. Sin el Padre, el Hijo y el Espíritu Santo no existe la posibilidad de la salvación eterna. Si removemos a la Trinidad, o debilitamos nuestra presentación acerca de quién es Dios en verdad, estaremos negando el evangelio. Cada persona de la Deidad juega un papel esencial en la redención de los pecadores del juicio y en que tengan vida eterna. Medite en el rol que desempeña cada uno:

- *Dios el Padre:* «Dios nos escogió en él [Cristo] antes de la creación del mundo, para que seamos santos y sin mancha delante de él. En amor nos predestinó para ser adoptados como hijos suyos por medio de Jesucristo, según el buen propósito de su voluntad, para alabanza de su gloriosa gracia, que nos concedió en su Amado» (Efesios 1:4-6). No existe rescate posible para los pecadores si no es mediante la adopción y la predestinación del Padre.

- *Dios el Hijo* provee nuestra «redención mediante su sangre, el perdón de nuestros pecados» (Efesios 1:7). Solo mediante el sacrificio sin pecado de Dios el Hijo hay expiación satisfactoria por el pecado (Romanos 3:21-25*a*). Sin este no habría manera de que los seres humanos pecadores entraran a la presencia de un Dios santo, recto y justo (Hebreos 2:17-18). «Sin derramamiento de sangre no hay perdón» (Hebreos 9:22*b*). El Dios y hombre Jesucristo ofrece el único sacrificio sin mancha que es capaz de purificarnos y satisfacer al Padre.

- *Dios el Espíritu Santo* produce en el pecador la obra maravillosa del nuevo nacimiento (Juan 3:3, 5-8). Este se vuelve para el creyente el «sello» y quien «garantiza nuestra herencia hasta que llegue la redención final del pueblo adquirido por Dios, para alabanza de su gloria» (Efesios 1:14). El Espíritu de Dios nos preserva hasta el día de nuestra redención completa, cuando seremos llevados a la presencia de Dios y nos bastará solo con ver su rostro (Salmos 17:15).

EL ÚNICO DIOS VERDADERO

Mi compañero de debate de mi pueblo natal invocaba el nombre de Alá. Y al hacerlo no estaba invocando a Dios en un lenguaje diferente. Aunque es cierto que el término *Alá* significa «dios» y es usado tanto por árabes cristianos como musulmanes, lo que cada grupo *quiere decir* con ese nombre no podría ser más diferente. Cuando el musulmán invoca el nombre de Alá, aunque es sincero, está invocando a alguien que no puede oír ni salvar.

Es vital que comprendamos esto a la hora de llevar a cabo la evangelización, las misiones y el diálogo cristiano-musulmán. Por ejemplo, en un esfuerzo por alcanzar a las comunidades musulmanas, algunos traductores de la Biblia han intentado traducirla de manera que evite ofender la susceptibilidad musulmana. Estaban preocupados por la percepción musulmana de cometer *shirk*, o de hacer asociaciones con Dios. Esos traductores buscaban traducir los nombres bíblicos «Padre», «Hijo» o «Hijo de Dios» en términos más aceptables al contexto musulmán. Eso significaba poner los términos «Hijo» o «Hijo de Dios» en las notas al pie de página de algunos textos y usar menos los términos literales que hablaban de Él como «Padre». Así «Padre» se convirtió en: «Dios, tu guardián supremo», «Dios, el exaltado», «guardián» o, sencillamente, «Dios» o «Señor». «Hijo» e «Hijo de Dios» se convirtieron en «Mesías».

Los que apoyaban la estrategia de la traducción justificaban los cambios como atractivos para la evangelización y la contextualización. Los opositores a los cambios cuestionaban si estos no alterarían la Palabra de Dios y la revelación de Dios acerca de sí mismo. En otras palabras, «Padre» e «Hijo» no son simples elecciones de vocablos y nombres flexibles, sino aspectos centrales de la identidad y el carácter de Dios. Deponer esos términos por consideración a la concepción antitrinitaria y a los desacuerdos de las comunidades musulmanas sería conceder demasiado.

La Biblia define la vida eterna con claridad: «que te conozcan a ti, el único Dios verdadero, y a Jesucristo, a quien tú [Dios] has enviado» (Juan 17:3). Cuando los cristianos invocan el nombre del Señor están invocando al único nombre dado bajo los cielos en el que se puede hallar salvación (Hechos 4:12).

Los musulmanes y cristianos están de acuerdo en que Dios es santo, justo, recto y nuestro juez. Sin embargo, ellos no entienden que ese Juez santo, justo y recto no es otro que el Padre, Hijo y Espíritu Santo. Y a menos que logren darse cuenta de esto entrarán a la eternidad aturdidos, con pesar eterno, al encontrar que allí los espera el Hijo de Dios a quien rechazaron en esta vida.

¿Qué hallamos en un nombre? En lo que se refiere a cuestiones espirituales, ¡todo! Solo quienes invocan el nombre del Señor —para quienes significa Padre, Hijo y Espíritu Santo— serán salvos. Este es el nombre que deseamos que nuestros amigos musulmanes invoquen con fe.

Amigo cristiano, sea humilde y confíe en lo que el Señor ha revelado acerca de sí mismo. Él nos dijo cómo es: un solo Dios en tres personas, Padre, Hijo y Espíritu Santo. Y afirmó que la vida eterna depende de conocerlo por quien Él es. Conocimos a Dios a través de la fe en su Hijo. Ahora, aferrémonos a lo que hemos recibido a fin de que podamos presentar a los demás al Dios trino, quien es el único que puede darnos vida.

LO QUE DEBEMOS RECORDAR

1. Los musulmanes y los cristianos están en gran parte de acuerdo en cuanto a los atributos básicos de Dios (santidad, justicia, etc.). Esto les provee un punto de partida saludable para iniciar las discusiones.

2. El punto de vista cristiano acerca de la Trinidad es esencial para cualquier noción de salvación del pecado y del juicio. Aceptamos la Trinidad porque Dios se revela a sí mismo en la Biblia como un único Dios en tres personas.

3. Debido a que el islam asegura ser una religión revelada que acepta la Torá, los Salmos de David y los Evangelios, los musulmanes intelectualmente sinceros deben aceptar la revelación de la naturaleza trinitaria de Dios.

No podemos conocer a Dios excepto porque Él se ha revelado a sí mismo mediante su Palabra. Tenga la confianza de que Él es quien dice ser.

2

EL PECADO DEL HOMBRE: REPOSA LEVEMENTE SOBRE LA CONSCIENCIA MUSULMANA

De vez en cuando mi familia trata de sorprenderme. Sin embargo, generalmente suelo arruinar la sorpresa antes de que me den los regalos… o a veces permanezco tranquilo si es que no lo adiviné anticipadamente.

Realmente es un mal hábito. No lo recomiendo. Frustra el momento en que mi esposa quiere darme los regalos. Y mi hija menor ha adoptado en parte esa conducta. Me temo que se perderá muchas de las maravillas de la vida debido a que su padre es un cascarrabias.

Sin embargo, a veces lo inesperado me sorprende, como sucedió en los dos últimos debates con apologistas musulmanes. En ambas ocasiones uno de los exponentes trajo a colación el tema de la creación del hombre y de la existencia del pecado. Y, en ambos casos, quedé boquiabierto por la respuesta que mis contrapartes musulmanas dieron a esa pregunta.

En el primer debate el apologista musulmán afirmaba que los cristianos no entendían el relato del Génesis sobre la creación de Adán y Eva. Insistía en que Adán, que era un profeta de Dios, nunca había pecado. «Cometieron algunos errores», admitió, «pero los profetas están libres de pecado».

Incluso la mitad del público predominantemente musulmán cayó de espaldas a causa del asombro que le provocó.

En el segundo debate, el joven musulmán intentó quedar bien cuando explicaba que Dios no requiere perfección de nuestra parte porque Él nos hizo con un serio defecto. De nuevo, un silencio reflexivo cayó sobre la multitud, mientras sopesaban las implicancias de esta declaración. A fin de que aclarara, le pregunté: «¿Está diciendo que Dios nos hizo pecadores?»

Nuevamente su intención fue esquivar el tema. «Estoy diciendo», respondió, «que es injusto que si Dios nos hizo de esa forma espere perfección de nuestra parte. Por consiguiente, Dios no debe esperar perfección de nadie porque Él nos hizo así».

REPOSA LEVEMENTE SOBRE LA CONCIENCIA MUSULMANA

Las respuestas de estos dos oradores musulmanes revelaron diferencias significativas entre los musulmanes y los cristianos en cuanto a sus puntos de vista acerca de la humanidad. Mientras que ambos están de acuerdo en que el hombre es un ser creado que debe adoración y obediencia a Dios, difieren en el punto de vista del hombre y el pecado en diversas formas. Para comunicar el evangelio y la necesidad de que la persona reciba al Salvador los cristianos deben entender estas diferencias.

A continuación detallo cuatro preguntas acerca de nuestra humanidad, que un cristiano y un musulmán responderían de manera diferente:

1. ¿Las personas fueron creadas a imagen y semejanza de Dios?

Los cristianos creen que Dios creó al hombre a su imagen y semejanza (Génesis 1:26-27). Por lo tanto, la humanidad refleja de manera singular algo de la gloria de Dios. Tanto hombres como mujeres son la corona de la creación, y están dotados de capacidades que los separan del resto de los seres creados. Ser hecha a la imagen de Dios enviste a la humanidad de una dignidad inmensurable; y le provee la base para la ética social, que va desde la comunicación (Santiago 3:10-11) hasta las prohibiciones en contra del asesinato; y, de allí, la instrucción del uso de sentencias de muerte judiciales (Génesis 9:5-6).

Los musulmanes rechazan la idea de que el hombre haya sido hecho a imagen y semejanza de Dios. El islam enseña que Alá es completamente diferente de su creación. Nada en la creación comparte la gloria o semejanza de Alá. Y, en contraposición al hecho de que Dios halló que lo que había creado era «bueno», el Corán enseña que el hombre fue hecho con una debilidad (Sura 4:28).

2. ¿Dónde se origina el pecado?

Los musulmanes y los cristianos también difieren en cuanto al origen y el significado del pecado. La Biblia enseña que Adán, quien representa a toda la humanidad, cometió el primer pecado cuando quebrantó el mandato de Dios de no comer del árbol del conocimiento del bien y del mal (Génesis 2:16-17; 3). Cuando Adán cometió ese pecado toda la humanidad cayó en pecado junto con él. «Por medio de un solo hombre el pecado entró en el mundo, y por medio del pecado entró la muerte; fue así como la muerte pasó a toda la humanidad, porque todos pecaron» (Romanos 5:12). La Biblia continúa diciendo: «Por tanto… una sola transgresión causó la condenación de todos», y «por la desobediencia de uno solo muchos fueron constituidos pecadores» (Romanos 5:18-19).

La desobediencia de Adán produjo muchas consecuencias trágicas. En primer lugar, su pecado introdujo la muerte al mundo como la sentencia por este. Segundo, la desobediencia de Adán hundió a toda la humanidad junto con él en el pecado y la condenación de Dios. Tercero, el pecado de Adán corrompió profundamente la naturaleza humana, de manera que el hombre no solo peca sino que además es pecador. De hecho, el hombre no es pecador porque peca; peca porque en su raíz es pecador. El pecado no es solamente lo que hacemos sino lo que somos. Por esta razón la Biblia enseña que el hombre es esclavo del pecado (Romanos 6:6, 15-20; 7:25).

Sin embargo, el punto de vista islámico es totalmente diferente. El relato musulmán de la creación del hombre no incluye ningún énfasis significativo en la caída de Adán o en la caída de la humanidad en el pecado junto con él. No dice que Adán pecó contra Dios sino que cometió un error ético. Los musulmanes consideran injusta la idea de que el pecado de una persona le sea imputado a otra de alguna forma. El Corán enseña que «ninguna responsabilidad de un alma puede ser transferida a otra» (Sura 6:164; 17:15; 35:18; 53:38).

Entonces los musulmanes niegan el pecado original. La mayoría define al pecado como una simple desobediencia a la voluntad de Alá. Esta desobediencia proviene de la debilidad e ignorancia del hombre, pero no de una corrupción de su naturaleza. Aunque los eruditos y los clérigos musulmanes no se han puesto de acuerdo en cómo definir las categorías, los musulmanes creen que existen pecados menores y mayores.

3. ¿Ofende a Dios el pecado?

Otro punto en el que los cristianos y los musulmanes difieren en su comprensión acerca del pecado está relacionado con el objeto del mismo. ¿Contra quién se pecó? Chawkat Moucarry resume útilmente el argumento islámico al escribir: «El islam enseña que nuestros pecados no pueden ofender a nuestro Creador, quien está muy por encima de nosotros como para estar directamente preocupado por nuestra desobediencia».[2] El Corán sostiene que la persona que peca «es injusta consigo misma» (Sura 65:1).

Sin embargo, la Biblia enseña que nuestro pecado es contra Dios mismo. A través de nuestros pecados y naturaleza pecaminosa demostramos ser hostiles y enemigos declarados de Dios (Romanos 5:10; Colosenses 1:21). Nuestro pecado afronta personalmente a Dios. El rey David le dijo a Dios, luego de su adulterio con Betsabé: «Contra ti he pecado, solo contra ti, y he hecho lo que es malo ante tus ojos» (Salmos 51:4). Lejos de mostrarse desapasionadamente inconmovible por el pecado, Dios se entristece a causa de este (Génesis 6:5-6). Y, en su justicia, promete que no dejará el pecado sin castigo (Éxodo 34:7), ni aunque haya sido *accidental* (Levítico 4).

4. ¿Cuán serio es el pecado?

Teniendo en cuenta lo recién mencionado, no es de sorprenderse que el pecado sea significativamente menos serio desde el punto de vista musulmán que del cristiano. El pecado reposa levemente en la consciencia musulmana porque estos lo ven principalmente como una debilidad y no como maldad; lo ven como una transgresión general y no como una traición impía. Fallan en ver cómo este deshonra a Dios precisamente porque lo comenten quienes fueron hechos a su imagen. El pecado es una ofensa tan terrible contra Dios que lo único capaz de apaciguar su santa ira hacia nosotros es el sacrificio de su único Hijo (Romanos 3:25).

Eso significa que una de las tareas principales que los cristianos tienen al transmitir el evangelio es demostrar la seriedad del pecado para todas las personas.

SER CONSCIENTE DE MI PECADO

Cuando me convertí, el Señor usó una conversación acerca de una máquina de enfriar agua de mi oficina para que tomara consciencia de mi pecado. Junto con un grupo de colegas estábamos debatiendo acerca de a quién, entre varios, le debíamos respeto y admiración. Muchos de ellos mencionaron a personas importantes, como Mahatma Gandhi y Martín Lutero.

Una compañera de clase de la universidad me sorprendió al decir con toda seriedad: «No puedo pensar en alguien a quien respete más que a Thabiti». Seguro de que bromeaba, y quizá sintiéndome adulado de forma pecaminosa, protesté desechando el pensamiento con un movimiento de mano y le pregunté a quién realmente admiraba. Ella insistió en que yo era la persona más recta que conocía.

La palabra *recta* provocó un eco inquietante en mi corazón. Instantáneamente supe que yo no era recto. Ella me halagó porque yo no llevaba una vida mundana y porque trataba bien a mi esposa, lo cual era realmente cierto. Sin embargo, yo conocía mis pensamientos, mis deseos lujuriosos y el odio que envenenaba mi corazón. Sabía, en términos muy precisos, que «recta» no era una conducta que yo tenía ante Dios. Aquel día por primera vez tuve claridad acerca del problema de mi pecado y mi maldad, lo cual me había puesto en desventaja con Dios. Mi falta de rectitud constituía un problema. Y, lentamente, empecé a darme cuenta de que necesitaba una solución para el problema de mi pecado.

Es maravilloso cómo el Señor usa conversaciones superficiales para producir un impacto permanente. Una plática simple sobre hombres y mujeres «buenos» despertó de repente mi consciencia.

DAR «TODAS LAS RESPUESTAS CORRECTAS»

Los cristianos frecuentemente nos ponemos una presión increíble por dar todas las respuestas correctas y decir todo con exactitud al evangelizar. Muchas veces pienso que ese tipo de presión es una mezcla entre el deseo piadoso de ayudar a los demás y una gran falta de fe en la capacidad de Dios para usar lo que nosotros *sí* sabemos para ministrar a los demás. Consecuentemente, por eso muchos cristianos nunca se animan a evangelizar a sus amigos y vecinos musulmanes. Dudan de su propia capacidad y de que Dios pueda usarlos.

Nuestra falla está en que no nos damos cuenta de que redargüirnos del pecado es obra de Dios (Juan 16:8). Él se complace en usar ordinariamente a personas como usted y como yo. Sin embargo, al final, el Espíritu Santo toma la responsabilidad de hacer que la gente tome consciencia de su pecado y de su atrocidad. Simplemente necesitamos ser fieles en traer a colación el tema de la rectitud y del pecado a fin de discutir el asunto abierta y honestamente. A veces una pregunta básica como: «¿Qué piensan los musulmanes acerca del pecado y del juicio?» puede abrir el camino. Otras veces describir una virtud real en alguien podría exponer la corrupción del corazón de la persona.

A través de las Escrituras sabemos más de los musulmanes y de los no cristianos que lo que ellos saben acerca de ellos mismos. Por ejemplo: sabemos que «la ira de Dios viene revelándose desde el cielo contra toda impiedad e injusticia de los seres humanos, que con su maldad obstruyen la verdad. ...lo que se puede conocer acerca de Dios es evidente para ellos, pues él mismo se lo ha revelado» (Romanos 1:18-19). En otras palabras, Dios nos dice que la gente «obstruye la verdad» acerca de Él a causa de su impiedad. Ellos conocen la verdad de su falta de Dios y de su maldad, y la obstruyen. Nuestra tarea es levantar esa barrera de obstrucción para que lo que en realidad ellos saben pueda salir a la superficie.[3]

Así, al evangelizar a nuestros amigos musulmanes no tenemos que convencerlos de la nueva verdad. Podemos comenzar por sacar a la luz su conocimiento acerca del pecado. Y luego señalarles el conocimiento de Dios y del juicio que Él ya puso dentro de sus corazones. Esta parte de la evangelización se parece más a desenterrar una verdad que estaba enterrada que a plantar la verdad en nueva tierra.

HACER QUE TOMEN CONCIENCIA DEL PELIGRO DEL PECADO

La evangelización efectiva requiere que mostremos a nuestros amigos y compañeros de trabajo musulmanes la gravedad, el peligro y la corrupción que representa el pecado en sus vidas. Mientras que una persona crea que su pecado no afronta a Alá le faltará motivación para arrepentirse y confesarlo. Necesita saber que la Biblia llama rebeldía contra Dios al pecado, que incurre en su ira.

John Piper expresa algo en cuanto a la urgencia desesperada con respecto a nuestro pecado, la ira de Dios contra él y el peligro del infierno eterno. Este debería ser nuestro sentir cuando predicamos de las buenas nuevas gloriosas del evangelio a nuestros amigos musulmanes:

> Tengo que *sentir* la verdad del infierno, que existe y es terrible y horrible por siempre y para siempre, más allá de mi imaginación. «Aquellos irán al castigo eterno» (Mateo 25:46*a*). Y, aunque trate de hacer del «lago de fuego" (Apocalipsis 20:15) o del «horno encendido» (Mateo 13:42) un símbolo soy confrontado con el pensamiento aterrador de que los símbolos no son exageraciones, sino subestimaciones de la realidad. Jesús no eligió estas imágenes para decirnos que el infierno es más fácil que quemarse.
>
> Tengo que *sentir* la realidad de que una vez estuve tan cerca del infierno como lo estoy ahora de la silla en la que estoy sentado, y aún más cerca.
>
> ... Sus perspectivas eran mis perspectivas. Yo era un hijo del infierno (Mateo 23:15), un hijo del diablo (Juan 8:44) y de ira (Efesios 2:3). Pertenecía a la camada de víboras (Mateo 3:7), sin esperanza y sin Dios (Efesios 2:12). Tengo que creer que así como un alpinista, habiendo resbalado,

> cuelga del precipicio mortal sostenido solo por la fuerza de sus dedos, así yo también una vez colgaba sobre el infierno, a un latido de distancia del tormento eterno. Lo digo lentamente: ¡tormento eterno!
>
> Tengo que *sentir* la verdad de que la ira de Dios estaba sobre mi cabeza (Juan 3:36); su rostro contra el mío (Salmos 34:16); Él me odiaba por mi pecado (Salmos 5:5); su maldición y furia eran mi porción (Gálatas 3:10). Satanás no obligó a Dios a que hiciera el infierno sino que el infierno fue diseñado por Dios para personas como yo (Mateo 25:41).
>
> Tengo que *sentir* en mi corazón que toda la justicia del universo estaba del lado de Dios y en contra de mí. Yo estaba corrompido y era culpable de la cabeza hasta los pies, y Dios fue perfectamente justo en su sentencia (Salmos 51:4; Romanos 3:4).[4]

¿Siente la verdad y el horror del infierno cuando piensa en predicar las buenas nuevas de salvación de Dios a los demás?

¿Con cuánta frecuencia reflexiona acerca de la realidad de que una vez usted fue hijo del infierno, destinado a la ira de Dios? Inclusive un versículo conocido, como Juan 3:16, que ahora está saturado de sentimentalismo por opiniones superficiales acerca del amor de Dios, nos habla de una *condenación ya pronunciada* bajo la cual está todo el mundo a causa del pecado.

El horror y la certeza del pecado y del infierno deberían cargarnos y motivarnos a transmitir la verdad de su gravedad a nuestros amigos musulmanes, quienes podrían considerar con liviandad el pecado y sus consecuencias. Estoy de acuerdo con Piper cuando escribe: «Si yo no creo en mi corazón estas verdades horribles, de manera que se vuelvan reales en mis sentimientos, entonces el bendito amor de Dios en Cristo brillará mínimamente.» [5]

EXPLIQUE EL PUNTO CON CLARIDAD

Nabil cuenta la historia de su conversión de un trasfondo musulmán a la fe en Jesucristo.[6] Muchas conversaciones significativas precedieron a su conversión. Sin embargo una de las discusiones con su amigo Henry resultó crítica. Nabil estaba fascinado con las palabras de Jesús en Mateo 9:12-13: «No son los sanos los que necesitan médico, sino los enfermos. Pero vayan y aprendan qué significa esto: "Lo que pido de ustedes es misericordia y no sacrificios". Porque no he venido a llamar a justos, sino a pecadores.»

Nabil le preguntó a Henry si Jesús estaba interesado solo en los enfermos. Este, consciente de que el verdadero problema de Nabil era el pecado, le explicó el sentido de las palabras de Jesús: «Todos estamos enfermos de pecado. Si crees que solo porque observas algunas reglas religiosas no eres un pecador te equivocas.»[7] Nabil comprendió rápidamente la seriedad de su pecado y su necesidad de un Salvador.

Estoy agradecido por la sabiduría de Henry y su claridad mental.

Nabil estaba en peligro de no captar el verdadero sentido de las palabras de Jesús. Sin embargo, Henry aprovechó la oportunidad para hacer que el pecado fuera inevitable para Nabil. Se arriesgó a que lo viera como alguien antipático o criticón, pero lo amaba lo suficiente como para decirle que era pecador. Ningún grado de religiosidad o de conducta exterior podría cambiar eso.

Con un par de amigos cristianos nos sentamos en un círculo junto a un grupo de seis o siete jóvenes musulmanes de trasfondo árabe e hindú. La conversación comenzó de forma placentera. Nos habíamos reunido con la esperanza de cultivar una amistad.

Sin embargo, luego de que la cortesía inicial terminó, nuestros amigos musulmanes entraron directamente en el debate. Después de dar vueltas por un rato, y tratando de descubrir maneras de mantener la conversación en un tono agradable, comencé a hablar acerca de la necesidad de aceptar el sacrificio de Jesús como expiación por el pecado.

Un par de caballeros continuaban desafiándonos. Cansado, y más que todo frustrado, continué explicando el hecho de que todos ellos eran pecadores y que sus vidas corrían peligro de ir al infierno y de recibir el juicio de Dios. Después de algunos intercambios, un joven, que había estado sentado en silencio todo el tiempo, se enderezó. En su rostro se leía el asombro. «Espera un minuto», intervino. «¿Estás diciendo que podríamos estar camino al infierno?»

«Sí», respondí.

«¿Te das cuenta de que somos árabes? Yo soy musulmán árabe.»

Con toda la amabilidad y claridad que pude, le dije: «Los musulmanes árabes no están exentos del infierno. Tus pecados te condenan ante un Dios santo.»

Creo que era la primera vez que él escuchaba eso y que entendía la gravedad del pecado desde la perspectiva de Dios. Hasta ese momento pensaba que el infierno era un problema solo para los que no eran musulmanes ni árabes. Y necesitaba que se lo explicaran con claridad.

Hasta donde sé, ese día no se arrepintió ni creyó. Sin embargo ruego que, por la gracia de Dios, la pala del evangelio escarbe en el terreno de su corazón y que Dios plante una semilla perdurable que lo guíe al nuevo nacimiento.

Mientras que para algunos de nuestros amigos el pecado se mantenga como un problema solo para los que no son árabes ni musulmanes, lo más probable es que permanezcan indiferentes ante el horror de la ira de Dios y la atrocidad del pecado. Ellos deben ser sacudidos a fin de despertarse y darse cuenta de la verdadera gravedad del pecado, la ira, el juicio y el tormento eterno. Solo entonces verán cuán necesaria y maravillosa es realmente la gracia de Dios en Jesucristo.

LO QUE DEBEMOS RECORDAR

1. El pecado es más que un error o una debilidad. Es la rebelión personal contra Dios por la cual el musulmán debe rendirle cuentas. Todos los que murieron en sus pecados, sin arrepentirse ni buscar el perdón a través de la fe en Cristo, serán eternamente juzgados por sus pecados. Recuerde llorar por el horror del pecado y el juicio de Dios.

2. En debates evangelísticos haga del pecado un asunto personal en vez de una idea «académica». Con amabilidad, y a la vez claridad, insista en explicar el tema del pecado y de la culpa.

3

JESUCRISTO: COMPLETAMENTE DIOS Y COMPLETAMENTE HOMBRE

Dar testimonio no siempre es fácil. Si ha intentado ser fiel al compartir las buenas nuevas de Cristo a otros seguramente habrá sentido varias veces que pisó en falso y que tuvo tropiezos en el camino. Y definitivamente yo no soy la excepción.

En el año 2000 el Señor trasladó a mi familia al área de Washington, D.C. Estábamos emocionados de vivir en una nueva ciudad, y lo sentimos como la oportunidad de llevar el evangelio a los nuevos vecinos y amigos. En lo particular, imaginaba cientos de oportunidades para hablar a la gente de Jesús durante mis viajes en el subterráneo cuando me trasladaba dentro y fuera de la ciudad cada día.

Pero ¡vaya si me desilusioné! Resulta que, con la mayor parte de las personas, iniciar conversaciones en el subterráneo era un verdadero «no». La gente me ponía esa mirada de ofendida, como si me estuviera diciendo: «Usted no es de aquí, ¿no? Acá no se hace eso.»

Así que muchas veces los viajeros experimentados hicieron que me escondiera detrás de la rutina de leer en el tren. Sin embargo, yo apoyaba la idea de ser amigable con los pocos pasajeros que pensaban que realmente uno podía hablar con la gente en el tren.

Una mañana, durante mi recorrido de cuarenta y cinco minutos, observé a un musulmán que esperaba el tren. Aunque estaba parado algo lejos de mí en la plataforma, subimos al mismo vagón. Por el rabillo del ojo, me di cuenta de que se estaba abriendo paso para llegar hasta donde yo estaba, mientras yo me sentaba a leer la Biblia. Realmente ese día no tenía pensado conversar con nadie; sería el típico pasajero del tren. *Además,* me dije, *no he completado mi tiempo devocional con Dios esta mañana.* Y solo quería leer mi Biblia.

Imagínese mi incomodidad cuando, en un vagón de tren completamente vacío, ¡este hombre se sentó justo a mi lado! Claramente no era de allí.

Por la gracia de Dios, la genealogía de Jesús del Evangelio de Mateo sirvió como lectura esa mañana. Enseguida mi vecino musulmán echó un vistazo y me preguntó: «¿Qué lees?» «La Biblia», respondí suavemente, esperando que fuera el final de la conversación.

«¿Eres estudiante de religión comparativa?» Habiendo escuchado esa pregunta cientos de veces, ya sabía lo que vendría. *Bien,* me dije, *agárrate fuerte.* Podía escuchar a ese famoso locutor de boxeo que decía in crescendo: «¡Preparémonos para *la pelea!*»

Sin embargo, respondí tranquilamente: «No. Soy cristiano.»

«¿Qué parte de la Biblia estás leyendo?», preguntó.

«Mateo 1», le dije.

Hizo algunos comentarios comunes y corrientes, y luego preguntó: «¿Te importa si miro tu Biblia?» Reacio, acepté. En los treinta a cuarenta minutos siguientes, mi compañero de recorrido se quejó aludiendo que el Evangelio de Mateo y el relato de Lucas estaban llenos de contradicciones acerca de Jesús. Mencionó el hecho de que Jesús era llamado Hijo de Dios, pero que también se los llamaba así a Adán, a Israel y a otros.

«Entonces», concluyó con un aire de triunfalismo, «el título "hijo de Dios" realmente no significa lo que tú crees.»

Francamente yo no estaba preparado para una charla de vaivén bíblico tan frenético en el metro de Washington D.C. ¡a las 7:45 am! Sinceramente no estoy preparado para ningún tipo de actividad social a esa hora. Apenas logré decir una palabra en toda la conversación. Y aquellas que identifiqué fueron más bien débiles y poco convincentes. Con toda franqueza, él me dio una paliza verbal durante el recorrido del tren esa mañana.

LO QUE REALMENTE IMPORTA

Generalmente, si pensamos en términos de ganar o perder debates con nuestros vecinos musulmanes, hemos perdido de vista lo que realmente importa. No estamos en un concurso en donde se ganan puntos, se lleva un conteo de los triunfos y las derrotas, o en el que el ganador puede presumir de sus trofeos.

Cuando Jesús interrogó a sus discípulos: «¿Quién dicen ustedes que soy?» (Mateo 16:15) no estaba formulando una pregunta de un concurso interesante pero sin contenido. Estaba haciendo una pregunta que dividía y determinaba dónde pasaría la eternidad cada persona. Y según la manera en que cada uno respondiera esa pregunta pasaría su eternidad en el cielo o en un infierno agonizante enfrentando la ira de Dios.

Cuando predicamos el evangelio a los vecinos y amigos musulmanes, es útil aclarar que conocer a Jesús no es un asunto de especulación ligera e impersonal ni de prudencia intelectual. Se trata de un asunto de vida o muerte eterna.

LLEGAR AL TEMA DE JESÚS

Existen muchos libros sobre evangelización que ayudan a los cristianos a aprender la mejor forma de convertir pláticas comunes con los amigos en temas espirituales y en cómo hacerles preguntas acerca de Jesús.[8] Sin embargo, nunca he tenido dificultades para abordar el tema de Jesús al conversar con hombres o mujeres musulmanes. Casi en cada ocasión ¡*el musulmán* es quien trae el tema a colación! Así que hablar de Jesús nunca podría ser más fácil con ellos.

Sin embargo, una vez que el tema surge en la conversación es importante que los cristianos puedan explicar lo que la Biblia enseña acerca de quién es Jesús y lo que Él hizo. En el siguiente capítulo sopesaremos la pregunta: «¿Qué hizo Jesús?» Y en este consideraremos: «¿Quién es Jesús?» y por qué esto es importante a la hora de evangelizar.

¿QUIÉN ES JESÚS?

No debería sorprendernos que mucha gente no sepa cómo responder la pregunta: «¿Quién es Jesús?» En los días en que Él estuvo en la tierra entre la gente circulaban teorías contrarias con respecto a su identidad. Cuando Jesús les preguntó a sus discípulos quién decía la gente que Él era, le respondieron: «Unos dicen que Juan el Bautista, otros que Elías, y otros que Jeremías o uno de los profetas» (Mateo 16:14).

Sin embargo, Jesús hizo la misma pregunta pero ahora dirigida a sus propios discípulos, sin permitir equivocación alguna sobre el tema. Pedro respondió: «Tú eres el Cristo, el Hijo del Dios viviente» (versículo 16). La respuesta de Pedro fue, desde los días de Jesús, la más clara y simple. ¿Quién es Jesús? El Cristo (o el Mesías), el Hijo de Dios.

El Padre mismo testifica de este hecho en el bautismo de Jesús, cuando dice: «Este es mi Hijo amado; estoy muy complacido con él» (Mateo 3:17). Los apóstoles, testigos de la vida y ministerio de Jesús, y sus únicos mensajeros, testificaron en sus cartas a la iglesia primitiva que Cristo era el Hijo de Dios

(Romanos 1:1-5; Hebreos 1:1-3; y 1 Juan 5:10-13). Y del modo más contundente posible, Jesús afirma la confesión de Pedro de que Él era el Hijo del Dios viviente, al decir: «Dichoso tú, Simón, hijo de Jonás, porque eso no te lo reveló ningún mortal, sino mi Padre que está en el cielo» (Mateo 16:17). En otras palabras, Jesús no contradijo la afirmación de Pedro sino que subrayó el hecho de que provenía de una revelación divina, de Dios el Padre. La afirmación de Pedro era tan cierta que solamente podía conocerse a través de un hecho sobrenatural de revelación. Jesús le dijo efectivamente a Pedro: «Dios acaba de darte una *ayat* (revelación)».

PERO ¿QUÉ QUIERE DECIR EL TÉRMINO «HIJO DE DIOS»?

Es común que los apologistas musulmanes admitan que Jesús es el «hijo de Dios». Sin embargo, al admitirlo, no se refieren a que Jesús es Dios el Hijo, sino más bien a que el título «hijo de Dios» se usa para varias personas y aun para referirse a toda la nación de Israel. Así que sostienen que no hay razón para inferir deidad en ese título. Era el argumento que mi amigable compañero de viaje en el subte intentaba enfatizar.

Claro, la Biblia también utiliza el título «hijo de Dios» para referirse a otras personas. Por ejemplo: Adán es llamado el «hijo de Dios» (Lucas 3:38). El Salmo 82:6 describe que Dios se refería a un grupo sin nombre como «hijos del Altísimo», diciéndoles: «Ustedes son "dioses"», antes de ejecutar juicio en su contra. En Oseas 11:1 a toda la nación de Israel se la llama «niño» e «hijo» de Dios. Y a todos los cristianos se los conoce como hijos de Dios (Romanos 8:14; Gálatas 3:26).

Sin embargo, la Biblia usa el título «Hijo de Dios» de manera singular cuando se refiere a Jesús. Él es el «unigénito» o «único» Hijo de Dios (Juan 3:16 LBLA, NVI). No es el Hijo de Dios a causa de la encarnación, o sencillamente como un título que se le da. Él *siempre* ha sido y será eternamente el Hijo de Dios en persona. Jesús ora en Juan 17: «Glorifica a tu Hijo, para que tu Hijo te glorifique a ti... Y ahora, Padre, glorifícame en tu presencia con la gloria que tuve contigo antes de que el mundo existiera» (versículos 1 y 5). Desde la eternidad, Jesús compartía la gloria con el Padre como su único Hijo amado. Esta constituye una clara declaración de su deidad, ya que indica la preexistencia de Jesús y su coparticipación en la gloria divina, la cual Dios no comparte con nadie.

Bien, ¿qué hay de las demás referencias a personas y grupos como «hijos de Dios»? Señalaban anticipos de la venida de Jesús, el Hijo unigénito de Dios, o Dios el Hijo. Adán «fue un modelo del que había de venir» (Romanos 5:14). Los «dioses» o jueces del Salmo 82 son reemplazados por Jesús, el Juez, en quien no hay corrupción (Juan 5:26-30). Y la nación de Israel, como el hijo de Dios que fue sacado de Egipto, era figura del verdadero Hijo de Dios, quien cumplió incluso el modelo del éxodo de la historia de Israel mediante su propia huida a Egipto (Mateo 2:13-15). Jesucristo es el Hijo verdadero, quien finalmente complace al Padre, ya que todos los demás «hijos» fallaron. Adán introdujo el pecado al mundo; Israel se alejaba continuamente de Dios rindiendo culto a los ídolos; pero Jesús entró en la historia de la humanidad como el verdadero Hijo de Dios e hizo todo lo que el Padre ordenó.

Cuando la Biblia se refiere a Jesús como «el Hijo de Dios» debemos reconocer la singularidad absoluta de Jesús. Porque en Él habita la plenitud de Dios (Colosenses 1:19). Jesús es «la imagen del Dios invisible» y la «fiel imagen de lo que Él es» (Colosenses 1:15; Hebreos 1:3); el Creador y Sustentador de la creación (Juan 1:1-3; Colosenses 1:17). Eso es lo que queremos decir cuando declaramos que «Jesús es el Hijo de Dios». Él es Dios el Hijo.

¿ES JESÚS SOLO DIOS Y NO HOMBRE?

Al igual que las discusiones acerca de la Trinidad, aquellas que hablan acerca de la deidad de Cristo pueden parecer abstractas e innecesariamente complejas. De hecho, muchos musulmanes recurren a la complejidad cristiana como su argumento principal contra la Trinidad y la deidad de Cristo. Así sucedió con un joven que me hizo una pregunta en un diálogo cristiano-musulmán: «¿No sería más sencillo decir que Dios es uno solo y que Jesús era solamente un hombre y su mensajero?»

Por supuesto que sería más sencillo. Sin embargo, no es la verdad y no se encuentra en el Evangelio. La eficacia de este descansa en la deidad completa y la humanidad completa de Cristo.

El escritor a los Hebreos, quizás, hace la mención más breve sobre la necesidad de que Jesús debía ser completamente humano.

> Por tanto, ya que ellos son de carne y hueso, él también compartió esa naturaleza humana para anular, mediante la muerte, al que tiene el dominio de la muerte —es decir, al diablo—, y librar a todos los que por temor a la muerte estaban sometidos a esclavitud durante toda la vida. Pues, ciertamente, no vino en auxilio de los ángeles, sino de los descendientes de Abraham. Por eso era preciso que en todo se asemejara a sus hermanos, para ser un sumo sacerdote fiel y misericordioso al servicio de Dios, a fin de expiar los pecados del pueblo. (Hebreos 2:14-17)

Al tener en cuenta que el escritor de Hebreos inicia la Carta declarando que Jesús «es el resplandor de la gloria de Dios, la fiel imagen de lo que él es» (1:3), es impresionante que deba continuar enfatizando la completa humanidad de Cristo. Al ofrecerse a sí mismo como nuestro substituto era necesario que realmente tuviera vida humana ya que la humanidad le debía a Dios su castigo por el pecado. Así que Jesús tomó nuestra humanidad para destruir la obra de Satanás en nuestra vida y así hacernos libres. Él tenía que ser en todo igual a nosotros para poder ser nuestro fiel Sumo Sacerdote y así expiar nuestros pecados. Y, sin duda, Jesús se convirtió en nuestro Sumo Sacerdote, capaz de empatizar con nosotros pues ha llevado nuestra humanidad, fue tentado como nosotros de todas las formas pero sin pecar (4:15).

Y, ya que la humanidad transgredió mediante el pecado los mandamientos de Dios, necesitaba cargar con el castigo por su pecado. Así que era necesario que Jesús fuera completamente humano, y a la vez un ser humano perfecto, para poder satisfacer la justicia de Dios. «Hay un solo Dios y un solo mediador entre Dios y los hombres, Jesucristo hombre» (1 Timoteo 2:5).

Lo cierto es que nuestra salvación se apoya tanto en la completa deidad como en la completa humanidad de Jesucristo, el Hijo de Dios.

C. S. LEWIS Y NUESTROS AMIGOS MUSULMANES

A diferencia de lo que sucede en los Estados Unidos, en la isla Gran Caimán, donde viví por varios años, no hay mucha población musulmana. Allí la mayor parte de la gente no se relaciona con los musulmanes ni está expuesta al islam. Hasta cierto punto eso comenzó a cambiar en la medida en que la comunidad islámica iba creciendo. Sin embargo, hablar con un musulmán es poco común allí.

Imagínese el asombro de la comunidad al enterarse de que los musulmanes no creían que Jesús era el Hijo de Dios. Un programa de radio abrió los ojos de muchos de los habitantes de Gran Caimán.

El conductor de un programa radial que se emitía a diario me llamó para preguntarme si estaba dispuesto a salir al aire para dialogar con un musulmán que llamaba regularmente a la radio, y así intercambiar nuestros puntos de vista. Luego de discutirlo, acepté de buena gana.

Aunque el conductor quería que debatiéramos acerca de las creencias básicas y las diferencias entre el islam y el cristianismo, las líneas telefónicas comenzaron a sonar rápidamente cuando escucharon a mi contraparte afirmar que Jesús no era Dios sino solo un profeta. Expuso la verdad islámica básica, ya que los musulmanes procuran evitar que se asocie a Alá con cualquier otro. Sin embargo, una postura tan claramente opuesta a la verdad cristiana sorprendió a muchos oyentes.

Los musulmanes afirman que ellos honran a Jesús como un gran profeta que hizo muchos milagros. Y, en respuesta, los cristianos deberían preguntar a los devotos del Islam: «¿Cómo puede ser que Jesús siendo un profeta hablara las mismas palabras que Dios y realizara señales milagrosas y, aun así, los musulmanes continúen negando lo que Él enseñó acerca de sí mismo?»

El ahora famoso esbozo de C. S. Lewis: «Jesús es mentiroso, lunático o Señor» hace que el argumento musulmán de honrar a Cristo sea totalmente imposible. En su libro *Cristianismo... ¡y nada más!*, Lewis escribió:

> Estamos tratando de evitar que alguien diga la mayor de las tonterías que a menudo se han dicho acerca de Él: «Estoy dispuesto a aceptar que Jesús fue un gran maestro de moral, pero no acepto su afirmación de que era Dios». Eso es algo que no deberíamos decir. El hombre que, no siendo más que un hombre, haya dicho la clase de cosas que Jesús dijo no es un gran moralista. Podría ser un lunático que está al mismo nivel de aquel que dice que es un huevo hervido o el diablo del infierno. Debemos elegir. O bien este hombre era, y es, el Hijo de Dios; o era un loco, o

> algo peor. Escarnezcámoslo como a un insensato, escupámoslo y matémoslo como a un demonio; o caigamos a sus pies y proclamémoslo Señor y Dios. Pero no asumamos la actitud condescendiente de decir que fue un gran maestro de la humanidad. Él no nos ha proporcionado un campo para afirmar tal cosa. No fue eso lo que Él intentó.[9]

Aceptar a Jesús como «un buen maestro de moral» o como un profeta, tal como hacen los musulmanes, para luego rechazar su profecía y sus enseñanzas no es tomar una postura honesta. Jesús no nos dio esa opción. La tarea del cristiano evangélico es hacer de la deidad y de la humanidad perfecta de Cristo una realidad ineludible para nuestros amigos musulmanes. «¿Quién es Jesús?» es la pregunta más importante que se haya hecho jamás. La respuesta correcta es aún más crítica.

LO QUE DEBEMOS RECORDAR

1. Asegúrese de mencionar a Jesús en sus conversaciones con los musulmanes. Guíe la conversación hacia la pregunta crítica: «¿Quién es Jesús?»

2. Jesús es el Hijo unigénito de Dios, Dios el Hijo, y es completamente humano. En la encarnación, Dios el Hijo toma nuestra naturaleza a fin de poder ofrecerse a sí mismo en nuestro lugar.

4

JESUCRISTO: EL CORDERO INMOLADO... Y ¡RESUCITADO!

La novela *The Kite Runner* es un relato fascinante acerca de dos adolescentes musulmanes en Afganistán (país que pronto sería devastado por la guerra). El libro explora muchas de las complejidades culturales afganas y musulmanas. Pero el tema principal es el sacrificio. En uno de los capítulos el personaje principal, Amir, recuerda la festividad donde el sacrificio animal ocupa la escena central:

> Mañana es el décimo día de *Du l-hiyya*, el último mes del calendario musulmán, y el primero de tres días de *Eid al-Adha* o, como le llaman los afganos, *Eid-e-Qurban*, un día para celebrar cómo el profeta Ibrahim [Abraham] casi sacrifica su hijo para Dios. Este año Baba ha escogido nuevamente a la oveja, una blanca como el talco, que tiene las orejas negras y torcidas.
>
> Todos estamos en el patio, Hassan, Ali, Baba y yo. El *mullah* recita la oración. Se toca la barba. Baba dice entre dientes: *manos a la obra*, en voz muy baja...

> El *mullah* termina la oración. Amen. Toma el chuchillo de cocina de hoja larga. La costumbre es no permitir que la oveja vea el cuchillo. Ali le da al animal un cubo de azúcar, otra costumbre para hacer que la muerte sea dulce. La oveja patea, pero no mucho. El *mullah* la toma por debajo de la quijada y pone el filo del cuchillo en su cuello. Justo un segundo antes de que le corte la garganta, con un solo movimiento experto, observo los ojos de la oveja. Su mirada me perseguirá en mis sueños durante semanas. No sé por qué miro todos los años este ritual que se realiza en nuestro patio. Mis pesadillas persisten mucho tiempo después de que las manchas de sangre del pasto se hayan desvanecido. Sin embargo siempre lo miro. Tal vez debido a esa mirada de aceptación que veo en los ojos del animal. Es absurdo, pero imagino que él comprende lo que está sucediendo. Imagino que sabe que su muerte inminente es por un propósito mayor. Eso veo en su mirada.[10]

El relato impregnado de ficción captura algo de la tradición, significado y base escritural de la festividad musulmana Eid-e-Qurban. Pero ¿cuán prevalente es el tema del sacrificio en el islam?

¿CREEN LOS MUSULMANES EN EL SACRIFICIO?

En cierto sentido, el sacrificio provee una motivación mayor en el islam. Se encuentra en el corazón de la práctica de *hajj*, o peregrinación hacia la Meca. Ramadán, el mes de ayuno y oración, convoca a los fieles musulmanes a sacrificar los alimentos y otras comodidades en devoción religiosa. La entrega de dádivas provee una oportunidad de sacrificio por el pobre.

Pero ¿entienden los musulmanes la idea cristiana del sacrificio penal substitutivo? ¿Comprenden que una persona ocupó el lugar de otra para pagar el castigo o deuda que ésta tenía?

Lo máximo que los musulmanes se acercan a este concepto es la tradición de Eid-e-Qurban, en la cual se sacrifica un animal en memoria del casi sacrificio de Abraham a su hijo; aunque los musulmanes creen que Ismael, y no Isaac, era el sacrificio potencial. Y, aunque algunos autores piensan que *la festividad* ofrece un puente entre el cristianismo y el islamismo,[11] el Corán niega que el sacrificio animal pueda expiar los pecados de la humanidad. En referencia a los animales sacrificados durante *la festividad*, el Corán declara: «Alá no presta atención a su carne ni a su sangre, sino a vuestro temor de Él. Así os lo ha sujetado a vuestro servicio, para que ensalcéis a Alá por haberos dirigido. ¡Y anuncia la buena nueva a quienes hacen el bien!» (Sura 22:37).

En el islam lo que cuenta es la piedad ante Alá, no el sacrificio.

UNA DIFERENCIA IRRECONCILIABLE

Los musulmanes niegan que Jesús sea un sacrificio penal sustitutivo. O sea, niegan la enseñanza cristiana de que Jesús se ofreció a sí mismo como sustituto por nuestros pecados y que haya sido el sacrificio que pagó el castigo que todos los pecadores debían pagar por sus transgresiones. ¿Equivale esta negación a una diferencia irreconciliable con el cristianismo?

Yo creo que sí. Aún no he escuchado a ningún musulmán decir: «¿Sabes qué? Lo que los cristianos enseñan sobre la muerte de Jesús en la cruz me recuerda el Eid-e-Qurban». De hecho, después de la enseñanza acerca de la Trinidad, la muerte de Cristo como sacrificio es quizás la verdad cristiana a la que los musulmanes se oponen con mayor fuerza. Ellos hallan que la idea de un hombre inocente muriendo para expiar los pecados de los demás es una perversión aberrante de la justicia. Y, al negar que un hombre inocente pueda justamente tomar el lugar de un culpable, nuestros vecinos y amigos musulmanes niegan la verdad que atraviesa toda la Escritura.

DIOS PROMETIÓ UN SACRIFICIO PROPIO

El evangelio es la historia del sacrificio del Hijo amado de Dios, que toma el lugar de los pecadores que merecían el infierno. Es una historia que Dios desarrolla desde los primeros capítulos de la Biblia hasta las escenas culminantes del Apocalipsis.

El motivo del sacrificio comienza a mencionarse en Génesis 3:15. Inmediatamente después de que Adán y Eva caen en pecado, Dios maldice a la serpiente que había tentado a Adán y Eva. Y promete: «Pondré enemistad entre tú [la serpiente] y la mujer, y entre tu simiente y la de ella; su simiente te aplastará la cabeza, pero tú le morderás el talón». Así, Dios hace la primera promesa de la Biblia acerca de un Salvador que, al sufrir, aplastaría al diablo.

En Génesis 15, en sus promesas de pacto con Abraham, Dios le pidió a este que proveyera un novillo, una cabra, un carnero, una tórtola y un pichón de paloma. Abraham obedeció y cortó los animales por la mitad. Luego, «Abram cayó en un profundo sueño, y lo envolvió una oscuridad aterradora». Y mientras dormía el Señor se le apareció en un sueño como «una hornilla humeante y una antorcha encendida», y pasó entre las partes de animales (versículos 12, 17). En los pactos y tratos antiguos las ceremonias incluían, muchas veces, el sacrificio de animales y la promesa solemne de que si una de las partes fallaba en los términos del pacto, entonces, el sacrificio de los animales debía convertirse en el sacrificio de dicha parte.[12]

El sueño de Abraham era la manera de Dios no solo de establecer un pacto con él, sino también de mostrarle que mantendría sus promesas aun a costa de sacrificarse a sí mismo.

Éxodo 11-12 registra la plaga del primogénito y los eventos de la primera Pascua durante el éxodo de Israel en su salida de Egipto. Cada familia debía sacrificar un cordero de un año y untar la sangre del cordero en los postes de sus casas. Dios prometió: «La sangre servirá para señalar las casas donde ustedes se encuentren, pues al verla pasaré de largo. Así, cuando hiera yo de muerte a los egipcios, no los tocará a ustedes ninguna plaga destructora» (Éxodo 12:13). A diferencia de la enseñanza del Corán acerca de los sacrificios asociados con el banquete, la sangre de los sacrificios de la Pascua *sí* llegó a Dios y alejó el juicio del Señor.

Los primeros siete capítulos de Levítico dan instrucciones detalladas acerca de una diversidad de ofrendas que Israel debía presentar al Señor. En el antiguo Cercano Oriente los que no eran israelitas ofrecían sacrificios a su deidad para recibir el favor divino. Mahoma vio ese tipo de sacrificios entre las tribus árabes en su tiempo. Sin embargo, a diferencia de los sacrificios paganos en busca de bendición, Israel realizaba ofrendas para expiar su pecado y su culpa, y no para apaciguar a deidades caprichosas y arbitrarias. La relación de Israel con Dios fue establecida siempre por medio de pactos, que se centraban en un sistema de sacrificios que proveía un recordatorio regular del pecado, la transgresión y la expiación.

Incluso en el Antiguo Testamento, los profetas recibieron la promesa de que Dios expiaría los pecados de su pueblo. Por ejemplo: El profeta Isaías nos habla de un siervo que «maltratado y humillado, ni siquiera abrió su boca; como cordero, fue llevado al matadero; como oveja, enmudeció ante su trasquilador; y ni siquiera abrió su boca.» El siervo maltratado en Isaías 53 sería «arrancado de la tierra de los vivientes»; la razón de su muerte: «... golpeado por la transgresión de mi pueblo» (versículo 8*b*).

Luego de una larga y gráfica descripción del adulterio espiritual de Israel, por la cual mereció el juicio de Dios, el profeta

Ezequiel documenta la promesa de Dios: «Pues yo restableceré mi pacto contigo, y tú sabrás que yo soy el Señor; para que te acuerdes y te avergüences, y nunca más abras la boca a causa de tu afrenta *cuando yo haga expiación por todo lo que has hecho*, dice el Señor Dios» (Ezequiel 16:62-63, cursivas añadidas, RVA-2015). De la misma forma en que se visualizó con Abraham en Génesis 15, aquí Dios promete que Él, y no el pueblo, hará expiación por todos sus pecados. El sacrificio sería de Dios.

EL CORDERO DE DIOS REVELADO

Todas estas promesas e imágenes de sacrificio proféticas encuentran su cumplimiento en Jesucristo. Mateo 1 incluye el relato del ángel del Señor que se le apareció a José en un sueño, instruyéndolo a cuidar de María porque ella estaba embarazada por intervención divina. Luego, el ángel dice: «Dará a luz un hijo, y le pondrás por nombre Jesús, porque él salvará a su pueblo de sus pecados» (versículo 21). De este episodio aprendemos que el nombre mismo de Jesús indica que Él ha venido a cumplir el plan de Dios para rescatar a su pueblo de sus pecados. Sin embargo, ¿cómo lo haría?

El evangelio de Juan toma prestadas las imágenes del sistema sacrificial del Antiguo Testamento de manera sorprendente. Juan el Bautista, al ver a Jesús, proclama: «¡Aquí tienen al Cordero de Dios, que quita el pecado del mundo!» (Juan 1:29). Jesús pudo rescatar a su pueblo de sus pecados al convertirse en el Cordero de Dios ofrecido como sacrificio en lugar de ellos. Todos los que se hicieron previamente solo apuntaban a este único sacrificio. El siervo maltratado de Isaías 53 no sería nadie más que Jesús, el propio Hijo de Dios. «Con la preciosa sangre de Cristo, como de un cordero sin mancha y sin defecto», el pecador recibiría su redención (1 Pedro 1:19). «Cristo, nuestro Cordero pascual, ya ha sido sacrificado» (1 Corintios 5:7).

¡Definitivamente estas son buenas noticias! Como enseña el escritor de Hebreos: «La ley exige que casi todo sea purificado con sangre, pues sin derramamiento de sangre no hay perdón… Al contrario, ahora, al final de los tiempos, [Jesús] se ha presentado una sola vez y para siempre a fin de acabar con el pecado mediante el sacrificio de sí mismo» (9:22, 26b). Cristo fue sacrificado, dice, «para quitar los pecados de muchos» (versículo 28).

Así como el Amir ficticio de la novela *The Kite Runner* fijaba su mirada en los ojos de las ovejas, nosotros podemos ver en los ojos del Cordero de Dios su mirada de aceptación. Podemos ver en sus ojos que comprendía lo que estaba haciendo. El Cordero vio su «muerte inminente» y supo que era para un propósito mayor: redimir al pueblo de Dios de sus pecados.

En honor a su sacrificio los redimidos cantarán por toda la eternidad: «Digno eres de recibir el rollo escrito y de romper sus sellos, *porque fuiste sacrificado*, y con tu sangre compraste para Dios gente de toda raza, lengua, pueblo y nación. De ellos hiciste un reino; los hiciste sacerdotes al servicio de nuestro Dios, y reinarán sobre la tierra.» (Apocalipsis 5:9-10, cursivas añadidas). Los ángeles también cantarán ante el trono: «¡*Digno es el Cordero, que ha sido sacrificado*, de recibir el poder, la riqueza y la sabiduría, la fortaleza y la honra, la gloria y la alabanza!» (versículo 12, cursivas añadidas).

Los musulmanes se pierden esta verdad de Dios gloriosa porque niegan que Jesús se sacrificó a sí mismo por los pecados de su pueblo. Ellos no comprenden que toda la Biblia se enfoca en que Dios sacrificó a su Hijo para redimir a la humanidad perdida.

UNA OBJECIÓN: ¿ES JUSTO ESO?

«Pero, ¿es justo eso?» Es la pregunta que nuestros amigos musulmanes hacen cuando escuchan que Jesús murió en lugar de los pecadores. No son buenas noticias para ellos porque piensan que no es justo que un hombre inocente muera en lugar del culpable.

Claro que los musulmanes no son los primeros en presentar esa objeción. Seiscientos años antes de que Mahoma naciera, muchos judíos cuestionaron si el punto de vista cristiano de la expiación era justo. Eso parecería ser parte del trasfondo del conflicto al que el apóstol Pablo se refirió cuando le escribió a la iglesia en Roma. A algunos de los cristianos les costaba entender cómo la gracia y la justicia podrían reconciliarse. Algunos se excedieron al punto de acusar a Pablo de enseñar que mientras más *in*justamente viviera la persona más justicia era revelada, y que sería injusto que Dios mostrara su ira (Romanos 3:5). Calumniaban al apóstol y a sus colegas, y se burlaban de sus enseñanzas y de la gloria de Dios (Romanos 3:7-8). Así que el apóstol negó rotundamente esas tergiversaciones y errores.

Para responder a las objeciones de sus oponentes, el apóstol Pablo hizo esta afirmación sorprendente: «Dios lo ofreció como un sacrificio de expiación que se recibe por la fe en su sangre, *para así demostrar su justicia.* Anteriormente, en su paciencia, Dios había pasado por alto los pecados; *pero en el tiempo presente ha ofrecido a Jesucristo para manifestar su justicia.* De este modo Dios es justo y, a la vez, el que justifica a los que tienen fe en Jesús.» (Romanos 3:25-26, cursivas añadidas).

¿Se da cuenta de lo que Pablo está afirmando aquí? Alega que Dios presentó *intencionalmente* a Jesús como un sacrificio de expiación *para demostrar su justicia.* El sacrificio de Jesús no cuestiona la justicia de Dios; ¡la demuestra! La cruz no es un «problema» para los cristianos. ¡La cruz resuelve el planteo de que Dios es injusto!

A través del sacrificio de Jesús, Dios revela y defiende su justicia de dos formas: En primer lugar, el sufrimiento de Jesús por los pecados de su pueblo significa que todos los pecados que no fueron previamente sancionados ahora están totalmente sancionados en Cristo. Dios no deja pecado sin castigo. La misericordia y la gracia no llegan para anular la justicia. Segundo, debido a que los pecados de los fieles están completamente sancionados en Jesús, Dios puede declarar justamente rectos a quienes tienen fe en Cristo. Eso es lo que significa ser justificado ante Dios: ser declarado justo por la fe en Jesús. La cruz, entendida adecuadamente, es la respuesta de Dios a cualquier objeción de que Él es injusto al sustituir a Jesús por los impíos.

¿CÓMO SABEMOS QUE DIOS ESTÁ SATISFECHO CON EL SACRIFICIO DE JESÚS?

Sabemos que Dios aceptó el sacrificio de Jesús por los pecadores porque lo resucitó de la muerte. La resurrección demuestra que el pecado y la muerte fueron derrotados en la cruz.

El Cordero de Dios fue inmolado, pero también resucitó para que quienes crean en Él puedan vivir. Jesús lo dice de esta forma: «Yo soy la resurrección y la vida. El que cree en mí vivirá, aunque muera; y todo el que vive y cree en mí no morirá jamás» (Juan 11:25-26).

J. Gresham Machen, teólogo egresado de Princeton, capturó la belleza y maravilla del sacrificio de Jesús y de su resurrección, cuando escribió:

> La muerte expiatoria de Cristo, y solamente eso, ha presentado a los pecadores como justos a los ojos de Dios. El Señor Jesús ha pagado completamente la sanción por sus pecados, y los ha vestido con su justicia perfecta ante el trono del juicio de Dios.
>
> Sin embargo, Cristo ha hecho para los cristianos mucho más que eso. Les ha dado no solo una nueva y justa relación con Dios, sino también una vida nueva en la presencia de

> Dios para siempre. Él los salvó del poder y de la culpa del pecado.
>
> El Nuevo Testamento no termina con la muerte de Jesús; no concluye con las palabras triunfantes de Cristo en la cruz: «Consumado es». A la muerte le siguió la resurrección, y tanto la una como la otra fueron por nuestro bien.
>
> Jesús resucitó de entre los muertos a una vida nueva de gloria y poder, y lleva a esa vida a aquellos por quienes murió. Los cristianos, en base a la obra redentora de Cristo, no solo han muerto al pecado sino que también viven para Dios.[13]

La pregunta fundamental de nuestra evangelización debería ser la que Jesús hizo en Juan 11:26: «¿Crees esto?»

¿Cree que Jesús es la resurrección y la vida, y que todo el que cree en Él vivirá eternamente? ¿Cree que Dios aceptó el sacrificio de Jesús, resucitándolo de entre los muertos, y que todo el que crea en Él tendrá la vida de Jesús?

Si lo cree entonces conoce la verdad esencial y puede compartir el evangelio con sus amigos y compañeros musulmanes. ¡Hable confiadamente acerca de esta maravillosa noticia con todos sus vecinos y amigos! El Señor Dios Todopoderoso vino, se sacrificó a sí mismo y resucitó de entre los muertos ¡para que los pecadores pudieran vivir!

LO QUE DEBEMOS RECORDAR

1. El sacrificio de Jesús es real y a la vez necesario. Solo mediante la ofrenda sin pecado presentada ante Dios

se puede recibir el perdón de los pecados. El sacrificio perfecto de Jesús satisface todas las demandas santas de expiación que Dios exige.

2. Según Romanos 3:25-26, el sacrificio de Jesús es la demostración de la justicia de Dios. Su muerte en nuestro lugar está lejos de ser injusta; es la manera en la que Dios demuestra su justicia y declara simultáneamente rectos a los pecadores. A menos que creamos en el sacrificio de Jesús no podremos reconciliarnos con Dios y estaremos aún en pecado.

5

RESPUESTA: HAY ARREPENTIMIENTO Y FE. Y LUEGO... ¡ARREPENTIMIENTO Y FE!

El diario *The New York Times* tiene un eslogan en su encabezado desde el año 1896: «Todas las noticias son dignas de ser impresas». Sin embargo, quizá no siempre estemos de acuerdo en lo que debe incluir o no un periódico o una revista. Por ejemplo: Una edición de *U.S. News & World Report* llevaba los siguientes titulares:

> Cinco riesgos están asociados a los medicamentos para la diabetes.
>
> Un tiempo dedicado al Congreso: Al Franken consigue por mayoría una obstrucción parlamentaria.
>
> Romer: La crisis económica es un llamado de alerta.

En la sección de ciencia había un artículo titulado: «Las plantas mantienen la era del hielo bajo control». En educación, un titular decía: «Los estudiantes sufren limitaciones abusivas, según GAO».

Estoy seguro de que no todas ellas son «noticias dignas de ser impresas» pero nos dan una idea acerca de la gente, los lugares y los eventos que parecían dignos de estar en primera plana ese día. Los reportes de las noticias presentan a personas interesantes, como Al Franken, el comediante que se convirtió en político. Y son parte de una historia, de una acción narrativa, tal como lo es la crisis económica mundial ligeramente atenuada que amenaza hogares y negocios. Algunas de las historias tienen implicancias dramáticas para las personas, como por ejemplo cuál es la manera apropiada de tomar los medicamentos contra la diabetes.

Los reportes de noticias y los anuncios publicitarios saturan el mundo de hoy. ¡Entre 1000 y 5000 mensajes y anuncios bombardean a diario a una persona promedio! Son muchísimas las noticias que se disputan nuestra atención.

EL EVANGELIO: BUENAS NOTICIAS... PERO TAMBIÉN DEMANDANTES

Existe una gran competencia entre las buenas nuevas del cristianismo y las miles de historias nuevas que surgen a diario. El evangelio de Jesucristo tiene similitudes y diferencias con estas. Sin embargo, la mayor parte de las personas presta más atención a la gente, lugares y eventos de los nuevos programas de televisión nocturna que a las buenas nuevas de Jesucristo, quien fue crucificado y resucitó para rescatar sus almas.

Por un lado, al igual que las demás noticias, el evangelio también habla acerca de personas, lugares y eventos específicos. Son las noticias de Jesucristo, el Hijo de Dios, quien nació de una virgen, llevó una vida sin pecado, enseñó acerca del reino de los cielos, hizo milagros, fue crucificado y enterrado, y resucitó para darnos perdón y vida eterna.

Y, por otro lado, el evangelio se diferencia de las demás noticias. A estas se las podría considerar como inconsecuentes e irrelevantes, y por lo tanto no darles importancia. Por ejemplo, si usted no conoce a alguien que tiene diabetes tal vez pase por alto ese reportaje.

Sin embargo, el evangelio coloca una demanda en todas las personas. Dios «manda a todos, en todas partes, que se arrepientan» (Hechos 17:30). Es más, todos debemos confiar y creer en Jesús. «Porque tanto amó Dios al mundo que dio a su Hijo unigénito, para que todo el que cree en él no se pierda, sino que tenga vida eterna. ...El que cree en él no es condenado, pero el que no cree ya está condenado por no haber creído en el nombre del Hijo unigénito de Dios» (Juan 3:16, 18).

Al evangelio no se lo puede dejar de lado junto con el periódico de ayer. Ya sea que la persona responda o no al evangelio de manera apropiada en arrepentimiento y fe, su reacción tendrá implicancias para su vida presente y venidera.

¿QUÉ SON EL ARREPENTIMIENTO Y LA FE, SEGÚN LA BIBLIA?

El llamado a arrepentirnos de nuestros pecados y a creer en el Señor Jesucristo resuena a lo largo de todo el Nuevo Testamento. En primer lugar podemos escuchar el llamado al arrepentimiento y a la fe en la prédica de Juan el Bautista (Mateo 3:1-12). Jesús mismo, al comenzar públicamente su ministerio, les dijo a sus oyentes que se arrepintieran y creyeran (Mateo 4:17; Marcos 1:15). Y, luego, los apóstoles insistieron a sus oyentes que respondieran precisamente de la misma forma al evangelio (Hechos 2:37-38; 41; 26:20).

El teólogo Wayne Grudem ofrece una definición útil acerca del arrepentimiento bíblico: «El arrepentimiento, al igual que la fe, es una *comprensión* intelectual (de que el pecado es malo), una *aprobación* emocional de las enseñanzas de la Escritura con respecto al pecado (tristeza y odio por el pecado), y una *decisión personal* de apartarse de él (renuncia al pecado y decisión voluntaria de abandonarlo y, en su lugar, llevar una vida de obediencia a Cristo)».[14]

Arrepentirse significa básicamente «voltearse» intelectual, emocional y deliberadamente del pecado y de los ídolos, y volver a Dios. Esa es la respuesta que los líderes de la iglesia primitiva elogiaban cuando proclamaban el evangelio. El apóstol Pablo relata de este modo los eventos en Tesalónica:

> Partiendo de ustedes, el mensaje del Señor se ha proclamado no solo en Macedonia y en Acaya sino en todo lugar; a tal punto se ha divulgado su fe en Dios que ya no es necesario que nosotros digamos nada. Ellos mismos cuentan de lo bien que ustedes nos recibieron, y de cómo se convirtieron a Dios dejando los ídolos para servir al Dios vivo y verdadero, y esperar del cielo a Jesús, su Hijo a quien resucitó, que nos libra del castigo venidero (1 Tesalonicenses 1:8-10).

Si no hay arrepentimiento no existe una verdadera respuesta al evangelio. Un predicador describió la fe en Jesús sin arrepentimiento como un billete de cien dólares impreso de un solo lado. Podría parecer genuino, pero lo que le falta lo invalida por completo.[15]

Así como sucede con el arrepentimiento, también la fe involucra la totalidad de la persona: su mente, sus emociones y su voluntad. La fe es conocer la verdad de Jesucristo y lo que Él hizo por nuestra salvación, aceptando esos hechos con un corazón lleno de gozo, y tomando la decisión personal de creer que Él nos salvó. La persona que tiene fe o cree en Jesucristo depende de Él para ser libre del juicio de Dios contra el pecado. Su confianza de tener vida eterna está en Jesús y no en él mismo.

El pastor y teólogo James Montgomery Boice provee una ilustración agradable acerca de la fe bíblica, tomada de la vida de John G. Paton, misionero pionero en el Condominio de Nuevas

Hébridas. Cuando este llegó descubrió que los nativos no tenían una forma de escritura para su lengua. Boice relata:

> Él comenzó a aprender [el lenguaje] y, con el tiempo, a trabajar en la traducción de la Biblia para ellos. Pronto descubrió que no existía una palabra equivalente a «fe». Lo cual, por supuesto, era serio, pues es muy difícil para una persona traducir la Biblia sin incluir esa palabra. Un día se fue de cacería con uno de los nativos. Cazaron un venado muy grande, ataron sus patas y lo colgaron de un poste. Luego, con dificultad, regresaron por el camino montañoso hacia la casa de Paton cerca de la playa. Cuando llegaron al porche de la casa dejaron caer el venado. El nativo se sentó inmediatamente en una de las sillas del pórtico y exclamó: «¡Vaya, es bueno estirarse un poco aquí y descansar!» Paton se puso de pie inmediatamente y escribió esa frase. En su traducción final del Nuevo Testamento, esas son las palabras que utilizó para comunicar la idea de confianza, fe y creencia.[16]

La fe es estirarse y descansar en Jesús y en su obra en la cruz, como la única base para que alguien pueda tener una buena relación con Dios. La fe es volver a Cristo como el único Salvador y Señor. Juntos, el arrepentimiento y la fe forman lo que los cristianos llamamos generalmente «la conversión».

ARREPENTIMIENTO Y FE PARA EL ISLAM

Cuando intentamos transmitir el evangelio a un amigo musulmán el lenguaje puede resultarnos un problema. Con ello no quiero decir que si no sabemos árabe no tendremos éxito. Sino más bien que debemos darnos cuenta de que los cristianos y los musulmanes muchas veces usamos los mismos términos con significados muy diferentes. *Arrepentimiento* y *fe* son dos ejemplos de ello.

Los musulmanes usan el término *arrepentimiento* para referirse a la conversión de no musulmanes al islam (Sura 5:36-37) o para cuando los musulmanes se vuelven a Dios (Sura 24:31). Los hombres y las mujeres son llamados a arrepentirse porque son demasiado débiles para obedecer los mandatos de Alá. Su arrepentimiento debe ser genuino para que Alá lo acepte (Sura 66:8). Sin embargo, no está claro qué pecado requiere exactamente arrepentirse, pues los teólogos musulmanes hacen una distinción entre pecados mayores y menores. Todos los musulmanes están de acuerdo en que el arrepentimiento es necesario ante un pecado mayor. Pero algunos dicen que no así para los pecados menores.[17]

En el islam la *fe* puede definirse de tres formas diferentes, según la escuela de pensamiento que tenga el musulmán. Según algunos, podría definirse simplemente como obedecer los mandamientos de Dios. Otros creen que la fe incluye tanto obediencia como profesión de la confianza y creencia en Dios. Según Sura 49:14, hay quienes se sujetan a Alá en obediencia; sin embargo, ni la fe ni la creencia han entrado en su corazón. Esto presenta algunas confusiones en cuanto a la naturaleza de la fe en la teología islámica.

CÓMO COMPRENDER LA RESPUESTA BÍBLICA

Por todo ello es importante que queden claras algunas cuestiones a la hora de compartir las buenas nuevas de Jesucristo a nuestros amigos musulmanes:

Primero, debemos afirmar que todo pecado ofende a nuestro santo Dios. Por lo tanto, todos los pecados, incluso los intencionales (vea Levítico 4), requieren arrepentimiento y un sacrificio expiatorio. Es más, los pecados específicos no son el problema fundamental; sí lo es el pecado en general. El problema fundamental es la existencia y la fealdad del hecho mismo, y no puramente de sus instancias. Por lo tanto, independientemente de si es menor o mayor, el pecado y sus expresiones siempre son graves y el pecador siempre tiene la necesidad de arrepentirse.

Segundo, debe quedarles claro que el arrepentimiento genuino requiere abandonar el pecado. El arrepentimiento requiere algo más que sentir tristeza por las transgresiones «mayores». Implica que le demos la espalda completamente a la antigua vida de pecado: «Con respecto a la vida que antes llevaban, se les enseñó que debían quitarse el ropaje de la vieja naturaleza, la cual está corrompida por los deseos engañosos; ser renovados en la actitud de su mente» (Efesios 4:22-23). El arrepentimiento es como cruzar un puente y quemarlo para nunca más volver a transitar por ese camino de deseos y hábitos pecaminosos.

Tercero, que les quede claro que la fe genuina requiere un conocimiento preciso, un acuerdo y una aceptación de lo que Dios ha hecho por nosotros en Jesús. La fe no es simplemente recitar el *shahada*, la profesión musulmana de que hay un solo Dios y que Mahoma es su mensajero. Tampoco es simplemente hacer la oración del pecador o responder el llamado al altar, como creen algunos cristianos. La fe es un don de Dios en el que el pecador confía su vida a Jesús como su Señor y Salvador, quien pagó por sus pecados y le dio la vida eterna por medio de su crucifixión y resurrección. No hay fe salvadora que no incluya el hecho de Cristo.

Cuarto, debe quedar en claro que el perdón de Dios viene solamente por gracia, más allá de cualquier obra que hayamos realizado. La conversión genuina produce buenas obras y una vida transformada (Efesios 2:10). Sin embargo ni las buenas obras ni una vida con valores morales nos otorga el perdón de Dios ni la salvación. Los musulmanes creen que las buenas obras son esenciales para la salvación, siendo añadidas a la fe. Sin embargo eso no es lo que enseña la Biblia. Añadir algo a la cruz de Cristo es volvernos esclavos de la ley, y hace que Él «no sea válido [para nosotros]». Depender de nuestra justicia nos separa de Cristo y de la gracia de Dios (Gálatas 5:1-4).

Para ser efectivos en la evangelización necesitamos deshacernos de las confusas y engañosas ideas que existen acerca de la enseñanza de la Biblia sobre el arrepentimiento y la fe. Pero, ¿se trata simplemente de una diferencia semántica? ¿Es solo un asunto de elección de palabras?

¿CÓMO USAR EL LENGUAJE BÍBLICO PARA DESCRIBIR EL CAMBIO QUE SE PRODUCE EN LA CONVERSIÓN?

Las frases y palabras originales de la Escritura ofrecen otra forma en la que los cristianos podemos vencer los problemas de lenguaje que a veces se producen al hablar con los musulmanes acerca de la conversión. Por ejemplo: La frase «nacer de nuevo» captura brevemente lo que los cristianos queremos decir cuando debatimos acerca de la conversión y aparta radicalmente la experiencia de todo lo que el islam describe. Aunque musulmanes y cristianos usemos términos comunes, como *arrepentimiento* y *fe*, las frases bíblicas como «nacer de nuevo», «unidos a Cristo» y «una nueva creación» comunican diferencias muy sustanciales entre la comprensión islámica y la cristiana de la conversión.

Por lo tanto, al predicar el evangelio debemos intentar explicar esas diferencias teniendo en cuenta estos 5 aspectos:

En primer lugar, debemos explicar que *ser cristiano es como volver a nacer.* Jesús dice en Juan 3:3: «En verdad, en verdad te digo que el que no nace de nuevo no puede ver el reino de Dios» (LBLA). Como un escritor explica: «Lo que sucede en el nuevo nacimiento no es que recibimos una nueva religión sino una nueva vida».[18]

Segundo, debemos dejar en claro que *ser cristiano es nacer de Dios.* Jesús profundiza lo que significa nacer de nuevo cuando dice: «No te asombres de que te haya dicho: "Os es necesario nacer de nuevo". El viento sopla donde quiere, y oyes su sonido, pero no sabes de dónde viene ni adónde va; así es todo aquel que es nacido del Espíritu» (Juan 3:7-8, LBLA). En la conversión, el pecador nace de nuevo por la obra soberana y el poder de Dios Espíritu Santo, quien sopla hacia donde quiere. Esto difiere radicalmente de cualquier idea que enseña el islam acerca de la conversión. Porque esta no es un logro humano. La Biblia enseña: «Pero a todos los que le recibieron, les dio el derecho de llegar a ser hijos de Dios, es decir, a los que creen en su nombre, *que no nacieron de sangre, ni de la voluntad de la carne, ni de la voluntad del hombre, sino de Dios*» (Juan 1:12-13, LBLA, cursivas añadidas). Dios es quien produce el nuevo nacimiento en la vida de la persona, que está muerta a causa de su pecado.

Tercero, debemos explicar que *ser cristiano es haber resucitado de entre los muertos.* Romanos 6:1-5 describe la vida resucitada de la conversión:

> ¿Qué diremos, entonces? ¿Continuaremos en pecado para que la gracia abunde? ¡De ningún modo! Nosotros, que hemos muerto al pecado, ¿cómo viviremos aún en él? ¿O no sabéis que todos los que hemos sido bautizados en Cristo Jesús, hemos sido bautizados en su muerte? Por tanto, hemos sido sepultados con Él por medio del bautismo para muerte, a fin de que como Cristo resucitó de entre los muertos por la gloria del Padre, así también nosotros andemos en novedad de vida. Porque si hemos sido unidos a Él en la semejanza de su muerte, ciertamente lo seremos también en la semejanza de su resurrección (LBLA).

La obra de la conversión o regeneración de Dios es tan radical que solo puede compararse con la muerte y la resurrección, con morir al pecado y vivir una vida nueva para Dios.

Cuarto, debemos explicar que *ser cristiano es estar unido espiritualmente a Cristo.* Esta es otra verdad bíblica que ayuda a separar la idea de la conversión cristiana de la islámica. La Biblia enseña que, mediante la conversión, Dios une al cristiano consigo mismo a través de su Hijo. Hemos sido «unidos con Él» (Romanos 6:5, LBLA). El apóstol Pablo describe la experiencia cristiana al decir: «He sido crucificado con Cristo, y ya no vivo yo, sino que Cristo vive en mí. Lo que ahora vivo en el cuerpo, lo vivo por la fe en el Hijo de Dios, quien me amó y dio su vida por mí» (Gálatas 2:20). La vida del cristiano «está escondida con Cristo en Dios» (Colosenses 3:3). Esta es la vida renovada que debemos tener si deseamos entrar al reino de los cielos.

Finalmente, debemos explicar que *ser cristiano es ser una nueva criatura.* «Por lo tanto, si alguno está en Cristo, es una nueva creación. ¡Lo viejo ha pasado, ha llegado ya lo nuevo! Todo esto proviene de Dios, quien por medio de Cristo nos reconcilió consigo mismo» (2 Corintios 5:17-18*a*).

El cambio que se produce en la conversión es radical, y usar el lenguaje original de la Biblia es la mejor manera de mostrar esa diferencia a nuestros amigos musulmanes.

¿QUÉ HACE QUE LAS BUENAS NUEVAS SEAN BUENAS?

Cierta vez, durante un debate público con alguien a quien llamaremos Omar (no es su nombre real), recordé cómo el evangelio ofrece buenas nuevas a todo aquel que cree en Jesucristo. Después de haber tenido la oportunidad de presentar lo que nuestras fes respectivas enseñaban acerca de Jesucristo y la salvación, Omar y yo nos sentamos frente a frente para comenzar un periodo de preguntas y respuestas. Durante el tiempo que le asignaron a él me preguntó si yo estaba seguro de que iría al cielo. Le respondí que sí.

Cuando fue mi turno, le pregunté lo mismo a él: «¿Está seguro de que usted irá al cielo?»

Con gran convicción y una fidelidad asombrosa, Omar respondió: «No. No puedo estar seguro de que iré al paraíso. Es posible que me aleje del islam o que no me haya arrepentido de algún pecado y que Alá no me deje entrar al paraíso.»

La respuesta de Omar fue muy sincera. Sin embargo, al hacerlo, reveló el máximo contraste que existe entre las concepciones de la conversión cristiana y la musulmana, y de la vida con Dios.

Desde el punto de vista musulmán, la conversión es un estatus esencialmente alcanzado por el ser humano y el paraíso no está garantizado. No hay seguridad del perdón de Alá o de entrar al paraíso.

Desde el punto de vista cristiano, la conversión y la salvación son obra de Dios de principio a fin. Esto se debe a que Cristo es nuestro sacrificio perfecto y nuestra justicia perfecta, porque Él satisfizo indirectamente todo lo que Dios requería de la humanidad y porque, a través de la fe, estamos unidos espiritualmente Él. Todos los que creen en Jesús pueden estar seguros del perdón de Dios y del regalo de la vida eterna. Más que confirmaciones «externas», el cristiano recibe el testimonio interno de Dios Espíritu Santo. Pues al momento de la conversión, «el Espíritu [nos] adopta como hijos y [nos] permite clamar: "¡Abba! ¡Padre!" El Espíritu mismo le asegura a nuestro espíritu que somos hijos de Dios. Y, si somos hijos, somos herederos; herederos de Dios y coherederos con Cristo» (Romanos 8:15*b*-17*a*). Dios inspiró porciones enteras de la Escritura para que estuviéramos seguros de su amor y su perdón. El apóstol Juan termina una de sus cartas con esta declaración de propósito: «Les escribo estas cosas a ustedes que creen en el nombre del Hijo de Dios, *para que sepan* que tienen vida eterna» (1 Juan 5:13, cursivas añadidas).

La naturaleza radical del nuevo nacimiento, el testimonio de la Escritura y el de Dios Espíritu Santo aseguran al cristiano que

Dios el Padre lo hizo acepto. Tal seguridad no está disponible en el islam, pero se vuelve una buena noticia para todo aquel que cree, incluyendo a cualquier musulmán que reciba a Jesús como su Salvador.

¿Cuán firme es la aceptación de Dios el Padre? La Escritura dice que nos la otorga a través de su amado Hijo, el Redentor Jesucristo (Efesios 1:6-7). Dios mismo alcanza y garantiza nuestra salvación por su gracia, a través de nuestra fe en su Hijo. Depende de Dios, no del hombre. Por eso el evangelio son *buenas* nuevas, y demanda una respuesta de cada persona.

LO QUE DEBEMOS RECORDAR

1. El arrepentimiento genuino y la fe requieren que nos apartemos de la antigua vida de pecado y nos volvamos a Dios a través de la fe en su Hijo. Una persona es salva solo por la gracia de Dios, solo mediante la fe sin necesidad de ninguna obra de justicia. Cuando evangelizamos debemos dejar en claro estas verdades porque los musulmanes usan las mismas palabras pero con un significado muy diferente.

2. Una manera de hacer comprensible el concepto cristiano de la conversión es usar únicamente el lenguaje cristiano, tal como «nacer de nuevo», «renacer» y ser una «nueva criatura».

SEGUNDA PARTE

CUANDO TESTIFICAMOS

6

SER LLENOS DEL ESPÍRITU

Hace varios años asistí a una conferencia sobre evangelización dirigida por un conocido evangelista canadiense de ascendencia india. Este hombre dio bastante información, fue interesante y simpático. En un momento preguntó al público: «¿Cuál creen ustedes que es el mayor obstáculo para expandir el evangelio?»

Era una buena pregunta. Creo que para aquel entonces nunca la había hecho de un modo tan directo. El público respondió dando muchas de las razones que obstaculizaban la evangelización cristiana: falta de oportunidad, falta de conocimiento, malos ejemplos de algunos «malos testigos», hipocresía en la iglesia y así sucesivamente. Pero quizás el ejemplo citado con mayor frecuencia fue el temor.

La mayoría de las personas creía que el temor al rechazo, a las represalias, a ser cuestionado y al fracaso era lo que más obstaculizaba a los cristianos el compartir su fe con otros. Y creo que hay mucha verdad en sus respuestas.

EL CONTROL FUERTE DEL TEMOR

El temor motiva o entorpece en gran medida el comportamiento. Se dice que estamos bajo el «poder» del temor. Se trata de una gran metáfora porque en sí el temor tiende a sujetarnos con sus fuertes manos y a detenernos con su influencia. Forcejea con nosotros como un luchador olímpico, inmovilizándonos con un firme agarre y sujetándonos sobre la colchoneta.

En ocasiones he sentido el control fuerte del temor. Una vez me invitaron a participar de un diálogo público con un apologista musulmán sobre: «¿Quién es Jesucristo y cómo nos salva?» El tema lo habían escogido los estudiantes musulmanes, quienes patrocinaban el debate. Así que se podía esperar que yo tuviera algún tipo de recelo. Recuerdo que la noche previa al diálogo me senté al lado de mi cama lleno de temor. Había sentido su acecho a mi corazón por varios meses, literalmente, desde el momento en que recibí la invitación a participar de ese diálogo. No sé por qué sentía tanto temor. Debía ser mi tercera participación en un debate similar a ese. En los dos anteriores había estado muy bien. Sin embargo esta vez me sobrecogió el pánico.

Como parte de mi preparación, escuché el debate previo en el que se presentó el joven disertante musulmán a quien pronto me enfrentaría. El moderador le preguntó si él creía que los musulmanes que se convertían del islam, quienes hacían pública su conversión, debían morir. Sin dudar, él respondió: «Sí, definitivamente. Si ellos deciden dejar el islam en un país musulmán podrían confundir y desorientar a los musulmanes más débiles, haciendo que otros duden y dejen de creer. Por lo tanto, a fin de proteger a los musulmanes débiles, las personas que actúen de esa forma deben morir.»

En unas cuantas horas yo estaría en la misma plataforma que este hombre debatiendo acerca de: «¿Quién es Jesús?» y «¿Cómo podemos ser salvos?» Imaginé algunas de las cosas que podrían salir mal. Estábamos en una ciudad musulmana y se trataba de una discusión pública. Entre más grande el evento menos controlada podría estar la atmósfera. Podría haber reacciones de ira, y quizá hasta violentas, ante el hecho de que un ex musulmán estuviera relatando su conversión y hablando del evangelio en un país musulmán.

Nunca había sentido tanto temor en mi vida. Así que tomé el teléfono y llamé a mi esposa. Solamente quería escuchar su voz y orar. El temor sugería que podría ser mi última vez; que, llegado el momento, una «salida más sabia» sería restarle importancia a mi conversión.

EL PROBLEMA PARA ACEPTAR AL APÓSTOL PABLO

Podemos aprender del apóstol Pablo cómo manejar nuestros temores. Si echamos un vistazo a su vida podemos concluir que enfrentó muchas amenazas con valentía, celo y determinación... y escaso temor. Leer algunas de sus proezas del libro de los Hechos nos llevará a muchos de nosotros a pensar: *Me gustaría parecerme un poco más a él.* Y además, *¡Qué gran testigo de Cristo fue!*

El apóstol Pablo parecía casi un superhombre. Y ese es el problema que se nos presenta al leer acerca de su vida. Para la mayor parte de los cristianos de hoy se trata casi de una leyenda.

Sin embargo, ¿era así Pablo?

En cierta ocasión el apóstol escribió que él y sus compañeros experimentaron luchas misioneras: «No queremos que desconozcan las aflicciones que sufrimos en la provincia de Asia. Estábamos tan agobiados bajo tanta presión que hasta perdimos la esperanza de salir con vida: nos sentíamos como sentenciados a muerte» (2 Corintios 1:8-9a). Su confesión contradice definitivamente mis ideas exageradamente románticas del apóstol Pablo.

Seguramente los cristianos de Corinto también habrán tenido una errada impresión de Pablo. Sin embargo, el apóstol les dejó en claro que, a veces, Timoteo y él se sentían incapaces de soportar las presiones de la vida cristiana y del ministerio. «Perdieron la esperanza de salir con vida». Sintieron la sentencia de muerte en su corazón. Estaban bajo el control del temor.

No se trataba de una experiencia desconocida para Pablo. La vida de los apóstoles estaba en constante peligro. Y escribió a la iglesia de Corinto lo que era haber estado encarcelado, haber recibido latigazos y haber estado expuesto a la muerte. En 2 Corintios 11:24-27 nos da muchos detalles de ello:

> Cinco veces recibí de los judíos los treinta y nueve azotes. Tres veces me golpearon con varas, una vez me apedrearon, tres veces naufragué, y pasé un día y una noche como náufrago en alta mar. Mi vida ha sido un continuo ir y venir de un sitio a otro; en peligros de ríos, peligros de bandidos, peligros de parte de mis compatriotas, peligros a manos de los gentiles, peligros en la ciudad, peligros en el campo, peligros en el mar y peligros de parte de falsos hermanos. He pasado muchos trabajos y fatigas, y muchas veces me he quedado sin dormir… he sufrido frío y desnudez.

Y agregó: «Cuando alguien se siente débil, ¿no comparto yo su debilidad?» (versículo 29). El apóstol conocía el sufrimiento, la debilidad y el temor. No era inmune a ellos. Estuvo expuesto a las mismas tentaciones que nosotros… incluido el temor.

Por eso le pidió a la iglesia de Éfeso que orara por él: «Oren también por mí para que, cuando hable, Dios me dé las palabras para dar a conocer *con valor* el misterio del evangelio, por el cual soy embajador en cadenas. Oren para que lo proclame *valerosamente*, como debo hacerlo» (Efesios 6:19-20, cursivas añadidas).

Pablo era un hombre que se ponía las sandalias una a la vez, así como nosotros. No era un superhombre. Aunque sus proezas para el Señor eran grandes, experimentaba lo mismo que nosotros: fatiga, hambre, gozo, dolor, incertidumbre y hasta temor. Por eso pidió que oraran por él para que tuviera valor, que rogaran para que no sintiera temor cuando hablaba a otros del evangelio de nuestro Señor.

¿PUEDEN COEXISTIR EL TEMOR Y LA VALENTÍA?

A juzgar por la vida del apóstol Pablo, podemos concluir enfáticamente que sí. ¡El temor y la valentía pueden coexistir! Tener valentía no es lo que sentimos cuando no tenemos temor; es lo que sentimos cuando nos enfrentamos a él.

En parte, somos valientes cuando tememos a la persona adecuada; cuando buscamos amar y reverenciar a Dios y nos quedamos asombrados ante él, y no ante el hombre que puede oponérsenos.

En Mateo 10 leemos que el Señor Jesús envió a sus discípulos a un breve viaje misionero. Y les advirtió que enfrentarían todo tipo de oposición y persecución, incluso de sus propios familiares (versículos 17-22). La persecución sería tan fuerte que Jesús describió a sus seguidores como «ovejas entre lobos» (versículo 16). Y sería natural que sus discípulos reaccionaran con temor ante la amenaza de algún daño físico.

Sin embargo, el Señor les recordó que ellos no debían temer a sus enemigos: «No teman a los que matan el cuerpo, pero no pueden matar el alma. Teman más bien al que puede destruir alma y cuerpo en el infierno» (versículo 28). En otras palabras, un temor sano al Señor desplaza el temor a los hombres. Esa fue la experiencia del rey David cuando proclamó: «Confío en Dios y alabo su palabra; confío en el Señor y alabo su palabra; confío en Dios y no siento miedo. *¿Qué puede hacerme un simple mortal?*» (Salmos 56:10-11, cursivas añadidas).

Hay límites en cuanto a lo que nos puede hacer el hombre, pero no hay límites para el poder de Dios. Y lo maravilloso es que nuestro Dios omnipotente usa su poder para nuestro beneficio.

«¿No se venden dos gorriones por una monedita? Sin embargo, ni uno de ellos caerá a tierra sin que lo permita el Padre; y él les tiene contados a ustedes aun los cabellos de la cabeza. Así que no tengan miedo; ustedes valen más que muchos gorriones.» (Mateo 10:29-31). Si tememos al Señor recordemos que Él está de nuestro lado, vigilando cada detalle de nuestra vida como un padre amoroso que cuida de sus hijos. Y nosotros valemos mucho más que los gorriones, que aparentemente son una parte insignificante de su creación a la que Él cuida amorosamente. Así que no debemos temer al hombre. «El Señor es mi luz y mi salvación; ¿a quién temeré? El Señor es el baluarte de mi vida; *¿quién podrá amedrentarme?*» (Salmos 27:1, cursivas añadidas).

¿DE DÓNDE OBTUVO PABLO SU VALENTÍA?

Muchos piensan que la valentía es algo de lo que uno puede hacer acopio, que saca de alguna parte de sus «entrañas». Los deportistas, cuando se acerca el momento de comenzar el partido y necesitan tener valor, dicen: «Es momento de poner las agallas a prueba». Elogiamos un «desempeño con agallas» cuando un actor o una actriz se esfuerza en un papel audaz. Y admiramos a la gente «con agallas». Sin embargo, tenemos la tendencia de pensar que la valentía proviene de un depósito interno de fuerza y valor, y que aquellos que la tienen pueden mover un interruptor y sacarla «cuando hay que poner las cartas sobre la mesa».

Todo eso está muy trillado, y es muy impreciso desde el punto de vista cristiano. Cuando el apóstol Pablo les pidió a los cristianos de Éfeso que oraran para que él tuviera valor queda claro que él no pensaba que este se encontraba depositado en alguna parte de sus «agallas». De hecho, el pedido de oración sugiere que el apóstol estaba preocupado de no tener valentía en el momento en que tuviera que hablar de Jesús. Quizás incluso podía haber fallado al no hablar valientemente en ocasiones anteriores, y así conoció el aguijón que viene por acobardarse cuando debía estar firme.

Entonces, ¿de dónde sacó el valor Pablo si no surgía de adentro de él?

La valentía que Pablo necesitaba y demostraba no venía de sí mismo sino de Dios Espíritu Santo. Para testificar efectivamente de Cristo necesitamos estar llenos del Espíritu Santo.

SER LLENOS DEL ESPÍRITU SANTO

Existe mucha confusión en cuanto a lo que la Biblia quiere decir cuando habla de ser llenos del Espíritu Santo. Muchos imaginan una «segunda obra de gracia» en la vida del creyente, de manera que algunos tienen esta «llenura» y otros no. Otros piensan que ser «llenos del Espíritu» es lo mismo que llenar un vaso con agua o refresco: el cristiano estaba «vacío» y ahora «se llena» nuevamente.

Cuando la Biblia habla de ser «llenos del Espíritu» debe venir a nuestra mente una imagen diferente. Significa ser controlados por el Espíritu, de la misma manera que las velas de un bote al recibir la fuerza del viento son empujadas hacia el rumbo correcto. El Espíritu le da poder al cristiano para que pueda dar testimonio de Cristo. Esa es la promesa de Jesús que se encuentra en Hechos 1:8: «Cuando venga el Espíritu Santo sobre ustedes, *recibirán poder y serán mis testigos* tanto en Jerusalén como en toda Judea y Samaria, y hasta los confines de la tierra» (cursivas añadidas). Cuando leemos el Libro de los Hechos, la actividad que se asocia más frecuentemente con la llenura del Espíritu es hablar con valentía.

Medite en lo siguiente:

- En Hechos 2:4 dice que los apóstoles «fueron llenos del Espíritu Santo y comenzaron a hablar en diferentes lenguas, según el Espíritu les concedía expresarse». Pedro explica que el don milagroso de lenguas cumplió la profecía de Joel el día en que el Espíritu de Dios se derramó sobre toda carne y la gente pudo profetizar. Pedro predicó valientemente el evangelio ante el público judío, y unas tres mil almas fueron salvas ese día.

- En Hechos 4 dice que Pedro y Juan fueron arrestados por enseñar acerca de la resurrección de los muertos. Cuando los presentaron ante los gobernadores, ancianos y el sumo sacerdote, Pedro estaba lleno del Espíritu Santo y les hablo acerca de la crucifixión y la resurrección de Jesús y de su culpabilidad en la muerte del Señor. El versículo 13 dice que los líderes religiosos «*al ver la osadía* de Pedro y Juan... quedaron asombrados» (cursivas añadidas).

- Más adelante, en Hechos 4, cuando se menciona que Pedro y Juan fueron liberados de la prisión, y contaron su historia a los otros discípulos, le rogaron a Dios: «concede a tus siervos el proclamar tu palabra sin temor alguno» (versículo 29). «Después de haber orado, tembló el lugar en que estaban reunidos; todos *fueron llenos del Espíritu Santo, y proclamaban la palabra de Dios sin temor alguno*» (versículo 31, cursivas añadidas).

- En Hechos 6 se menciona que Esteban defendió la fe contra muchos de los que se oponían al evangelio. Mientras ellos «no podían hacer frente a la sabiduría ni al Espíritu con que hablaba Esteban» (versículo 10). Aunque estaba solo, él habló valientemente en el poder del Espíritu, tal como lo registra Hechos 7.

- Durante su primer viaje misionero el apóstol Pablo estaba lleno del Espíritu Santo. Él y Bernabé recibieron oposición de un hechicero llamado Elimas (Hechos 13:8). «Entonces Saulo, o sea Pablo, lleno del Espíritu Santo, clavó los ojos en Elimas y le dijo: "¡Hijo del diablo y enemigo de toda justicia, lleno de todo tipo de engaño y de fraude! ¿Nunca dejarás de torcer los caminos rectos del Señor?"» (versículos 9-10).

Para los cristianos, la valentía divina viene de la comunión y la llenura de Dios Espíritu Santo. Así es como el apóstol Pablo, un hombre que tenía temor a la muerte, pudo hablar con tanto valor frente a la persecución y la resistencia. Así es como, aunque lo apedrearon, lo abandonaron creyendo que estaba muerto, y arrastraron su cuerpo quebrantado al mismo lugar de su persecución, al día siguiente él continuó predicando el evangelio de nuestro Señor (Hechos 14:19-20). Estaba lleno de Dios Espíritu Santo, quien nos da la valentía y el poder para testificar. No tuvo que prender ningún interruptor. Dios tomó el control. Eso es lo que necesitamos hacer cuando intentamos esforzarnos por compartir el evangelio a nuestros amigos y vecinos: permitir que Dios Espíritu Santo se haga cargo.

ALGO DIVERTIDO SUCEDIÓ EN NUESTRO DIÁLOGO

Aquella noche llegamos a las instalaciones en donde se realizaría el debate. Yo estaba asustado, pero traté de demostrar calma y calidez. Antes de que el evento comenzara, le pedí al joven que viajaba conmigo que buscara una distancia relativamente segura desde donde pudiera ver el evento.

El debate comenzó y algo divertido sucedió. Fue como si alguien hubiera tomado el control. Durante casi tres horas el disertante musulmán y yo presentamos nuestras posiciones. Nos cuestionamos mutuamente y nos identificamos con la audiencia. ¡Fue fantástico!

¡No era yo! Yo aún tenía miedo, y no había relatado ningún detalle de mi conversión del islam a la fe en el Señor Jesús. En silencio, sostenía otro debate conmigo mismo: *¿Debo o no debo hacerlo?* ¿Era temor o sabiduría?

Finalmente, el moderador nos instruyó a mi oponente y a mí a que comenzáramos a hacer los comentarios de cierre. El otro disertante usó principalmente su tiempo para responder a una cantidad de puntos que surgieron antes y durante el debate. En su minuto de cierre exhortó al público a leer el Corán por él mismo. E insistió en que si simplemente lo leían su vida mejoraría.

Mientras lo escuchaba fue como si hubiera sentido un toquecito en mi hombro, como un empujoncito. Era el Señor. Cuando mi compañero disertante cerró diciendo: «Lean el Corán. Eso mejorará sus vidas», yo sabía que el Señor me estaba abriendo una puerta para que hablara del evangelio y contara mi propio testimonio de conversión.

Cuando me tocó el turno en el estrado, extendí unos cuantos agradecimientos a los organizadores y empecé: «Saben, yo he leído el Corán. Solía ser un practicante musulmán…»

Al terminar el debate se produjo una cálida interacción entre todos los asistentes. No hubo siquiera el más mínimo problema. Incluso, un oficial de gobierno de alto rango sugirió que tuviéramos un evento anual; ¡la próxima vez aún mayor! Mis temores me habían mentido. El Señor tenía el control.

En el camino de vuelta a casa, mi amigo y anfitrión me preguntó: «¿Cómo te sentiste?» Dejé escapar un suspiro, miré por la ventana del techo de su vehículo, y respondí: «Estaba muerto de miedo». Él se sorprendió: «Hermano, no se notó. Defendiste y proclamaste con mucha valentía la cruz».

¡Alabado sea Dios, quien les da a sus hijos el poder para testificar a través de su Santo Espíritu! Compartir el evangelio con los musulmanes no difiere de cuando Pablo hablaba acerca de la crucifixión y la resurrección a los judíos de su época. Es muy parecido. De hecho, lo que Pablo necesitaba para declarar valientemente la verdad lo necesitamos nosotros también: la llenura del Espíritu Santo. Necesitamos tan desesperadamente estar llenos del Espíritu que Dios lo ordena en Efesios 5:18.

¿Cuándo fue la última vez que oró o les pidió a otros que oraran para que usted tuviera valor? ¿En qué situaciones de su vida necesita valor para enfrentar el temor?

Recuerde el mandato de Dios: sean llenos del Espíritu.

LO QUE DEBEMOS RECORDAR

1. No tiene que ser un súper apóstol para poder compartir el evangelio a los musulmanes. Hasta el apóstol Pablo enfrentó temor y sintió debilidad.

2. Por medio del Espíritu Santo tenemos el poder y la valentía para testificar de Cristo en toda situación. El Espíritu que habita en nosotros no nos dejará ni nos abandonará. Nos dará justo lo que necesitamos para testificar de Cristo.

7

CONFIAR EN LA BIBLIA

No puedo recordar ni una sola conversación que haya tenido con un amigo musulmán en la que este no hubiera puesto en duda la veracidad y de la autoridad de la Biblia. En cada conversación espiritual que tenía con mis amigos musulmanes asumían la confiabilidad del Corán y rechazaban de diversas formas la integridad de la Biblia.

Pero no los culpo por tomar esa postura. Después de todo, el concepto de transmisión milagrosa del Corán es medular para su fe. Sin asumirla y defenderla estarían a la deriva.

Lo mismo sucede con los cristianos. Si no asumimos y defendemos la veracidad de la Biblia, su naturaleza divinamente inspirada y su autoridad para la fe y la vida estaríamos a la deriva, sin un ancla, en un mar de relativismo. Así que defender las Escrituras, asumiendo su confiabilidad y veracidad, se vuelve esencial para que las conversaciones con nuestros amigos musulmanes resulten efectivas.

No se necesita tener un nivel avanzado de hebreo o de griego para usar la Biblia (aunque sería maravilloso). Todo lo que un cristiano necesita para presentar el evangelio es confiar en las Sagradas

Escrituras y la voluntad de demostrar esa confianza asumiendo su veracidad.[19]

CITAS DIVINAS

En el verano de 2006 mi familia y yo aceptamos el llamado a pastorear la Primera Iglesia Bautista en Gran Caimán, Islas Caimán. Lo sé, lo sé… «Hay que aceptar sufrir por Cristo» en un lugar tan difícil. Quisiera haber ganado algo por cada vez que escuché que alguien me lo decía.

La verdad es que la parte más difícil de servir a personas tan maravillosas como las de la Primera Iglesia Bautista fue el viaje hacia allí. Pudimos enviar la mayor parte de nuestras pertenencias directamente desde Washington, D.C. Sin embargo, debíamos enviar nuestro vehículo desde Miami, lo que significaba un largo viaje desde Washington con dos niños pequeños, una esposa con cinco meses de embarazo y una parada lluviosa, a fines del mes de julio, en Disney World. Continuaba diciéndome a mí mismo: *Será divertido. Será divertido.*

Nos detuvimos en Carolina del Norte para visitar familiares y amigos. Cuando estábamos en la ciudad de Raleigh, mi esposa y yo nos enfermamos; teníamos síntomas de gripe. Así que asistimos a una clínica para que nos revisaran y tal vez nos dieran alguna prescripción médica. Nos llevaron a una sala donde nos examinarían y nos pidieron que esperáramos allí a que nuestro enfermero terminara con otro paciente. En ese momento yo estaba leyendo el libro de Chawkat Moucarry, *The Prophet and the Messiah: An Arab Christian's Perspective on Islam and Christianity* [El profeta y el Mesías: Una perspectiva árabe-cristiana acerca del islam y el cristianismo].

Un enfermero (de nombre Jamal) entró en la habitación minutos después de que yo me había dispuesto a leer mi libro. Trató de ser agradable, pero uno podía darse cuenta de que su día había estado lleno de presiones y frustración. Y comenzó a hablar con la cadencia y el énfasis de alguien típico de Medio Oriente; e indudablemente lo era. Nos saludó y me preguntó a mí qué estaba leyendo. Le mencioné el título del libro y le hice un resumen en un par de oraciones.

«Ah, ¿en serio?», respondió. «¿Usted es estudiante de religión comparativa?»

Enseguida pensé: *Si me pagaran por cada vez que un musulmán apologista me hace esa pregunta…*

Sin comprender aún que se trataba de una cita divina, le ofrecí una tibia y débil respuesta: «Sí».

Jamal continuó: «¿Por qué?»

«Bueno, en parte porque soy pastor». Y, antes de que pudiera explicar u ofrecer una respuesta más persuasiva, mi nuevo amigo musulmán tomó la palabra. Se desahogó un poco hablando de política exterior estadounidense, de lo que decían los medios sobre los musulmanes, de la libertad religiosa (extrañamente, él creía que Arabia Saudita era un lugar con mayor libertad religiosa que los Estados Unidos), y comparando ocasionalmente al cristianismo con el islam.

Asentí de vez en cuando (aunque, por dentro, sentía deseos de darme cabezazos contra la pared por las muchas oportunidades para argumentar que me estaba perdiendo o por las debilidades que él demostraba que no pude aprovechar). Con cierta asiduidad, trataba de hacer alguna pregunta para mantener la discusión enfocada en el tema central: Jesús. Como musulmán apologista, él estaba muy contento de poder ofrecer sus pensamientos acerca del Señor.

¿CONTRADICCIONES BÍBLICAS?

Muy pronto, Jamal me contó algo de su historia personal y de cómo llegó a creer fervientemente en el islam. Su familia migró de Jordania a los Estados Unidos. De adulto sirvió en el ejército y estudió religión comparativa, por lo que llegó a estar convencido de que el islam era la verdad absoluta. Así que me preguntó si yo creía en la verdad.

«Claro», le dije.

Luego, sacó el as de su manga: «¿Usted sabe que la Biblia está llena de contradicciones, no? Son miles. Así que nunca podría ser la verdad.»

Sonreí y le pregunté: «¿Podría decirme una?»

Mi amigo respondió: «Créame. Hay muchas. No le sabría decir una de memoria, pero tengo una lista en casa y con gusto se la traeré.»

Le expliqué que el Corán no enseñaba que la Biblia tuviera contradicciones ni errores sino que, de hecho, la Torá, los Evangelios y los Salmos de David son revelaciones de Dios. Me referí a los tres pasajes que enseñan que el mensaje de la Torá fue ocultado o escondido por los judíos durante los días de Mahoma, y que es el único pasaje que acusa a los cristianos de «olvidar» el mensaje de los Evangelios, pero que en ninguna parte del Corán se declara que la revelación hubiera cambiado.

Insistí un poco más y le dije que si él aceptaba la enseñanza del Corán, con el tiempo tendría que rechazar el islam porque el Corán confirma lo que dice la Biblia y el auténtico rol profético de Jesús. Y la Biblia revela que Jesús es Dios el Hijo, quien murió y resucitó por los pecados del mundo, y que todos debemos arrepentirnos de nuestros pecados y creer en Él para tener vida eterna.

EL DESAFÍO DE JAMAL

Mi nuevo amigo hizo una pausa antes de concluir: «Si usted me puede convencer de que lo que dice es cierto, y mire que yo no soy una de esas personas que dice burlonamente: "Demuéstrame que Dios existe", entonces me convertiré. Me haré cristiano. Pero nadie deja el islam porque es la verdad. Muéstreme una persona que se haya convertido del islam, y yo me convertiré.»

Es cierto, usted debe estar pensando que soy un poco lento para reconocer una cita divina. Pero recién en ese momento me di cuenta: ¡Ah! Es una cita divina. Dios tiene un propósito aquí.

En el momento en que Jamal ponía su mano en el picaporte para salir de aquella sala, le pregunté si hablaba en serio. «¿Realmente quieres conocer la verdad y aceptas convertirte al cristianismo si te muestro a una persona que se convirtió del islam y puede responder tu pregunta?» Me aseguró que sí. Entonces le dije: «Existe un hombre que una vez fue musulmán y que se convirtió al cristianismo. Y se encuentra justo frente a usted.»

Por primera vez Jamal permaneció en silencio. Me miró como si se hubiera encontrado con alguna curiosa criatura de una película de ciencia ficción. «¿De verdad?», me preguntó.

«De verdad», le respondí.

Y con curiosidad genuina, inquirió: «¿Por qué?»

«Debido a todas las contradicciones que tiene el islam y a la verdad que se encuentra en Jesucristo».

Reflexionó en ello unos segundos. Los siguientes minutos nos pusimos de acuerdo para encontrar un momento en que pudiéramos hablar un poco más acerca del cristianismo y el islam. Y, antes de que nos fuéramos, me preguntó: «¿Por qué querría usted reunirse conmigo si es pastor? Probablemente, no cambiará de manera de pensar. Entonces ¿por qué juntarse conmigo?»

«Porque nada me gustaría más que verlo a usted convertido al cristianismo y con fe en Jesucristo», respondí.

Los casi mil seiscientos kilómetros que hicimos por tierra desde Washington, D. C. a Miami habían comenzado con un esposo no muy entusiasta. Sin embargo, en solo unas cuantas horas de manejo, el Señor nos mostró que Él tenía otros propósitos para aquel viaje. Uno de los cuales era conocer a Jamal para que él pudiera sencillamente ver a un cristiano expresar su confianza en la Biblia.

No nos involucramos en un juego prolongado de ping-pong bíblico ni de trivia coránica. Sencillamente, comenzamos como dos hombres que ponen su confianza en la veracidad de sus textos sagrados; Jamal en el Corán y yo en la Biblia. Y el Señor usó eso para brindarme una oportunidad de predicar el evangelio.

OBJECIONES DE LOS MUSULMANES: «LA BIBLIA TIENE CONTRADICCIONES»

Algunos musulmanes usan una cantidad de objeciones a la confiabilidad de las Escrituras, en un intento por debilitar la confianza de los cristianos en la Biblia. Sin embargo, ninguna de esas objeciones ofrece críticas satisfactorias ni convincentes. Muchas veces nuestros amigos musulmanes sencillamente repiten lo que han escuchado o leído de sus líderes. Luego de unas cuantas conversaciones evangelísticas con ellos, la mayor parte identificará algunos criticismos recurrentes a la Biblia.

Jamal se apoyaba fuertemente en la crítica quizás más popular, pero estaba desinformado: «La Biblia tiene contradicciones», afirmaba. Aun aquellos que no tienen una fe religiosa a veces descartan la Biblia porque escucharon o leyeron en alguna parte que está «llena de contradicciones».

Pero usted, que ha leído la Biblia, ¿encontró alguna contradicción en ella? Sin dudas hay temas bíblicos difíciles de interpretar, y existe una gran variedad de interpretaciones de estos textos aun entre los cristianos devotos bien intencionados. Divergencias así existen en todas las religiones y corrientes de pensamiento filosófico. Sin embargo, *no es lo mismo interpretaciones opuestas que contradicciones*. En estas últimas, una declaración se afirma y se niega al mismo tiempo. Una contradicción sería algo así como decir: «Jesús dijo que Él es Dios». Y luego afirmar: «Jesús dijo que Él no es Dios, sino que solo vino a honrar a Dios». Ambas declaraciones no pueden ser verdaderas.

La Biblia no contiene contradicciones. El Señor no se contradice a sí mismo. Así que podemos confiar en la Biblia y pedir sencillamente a quienes hacen tales afirmaciones que presenten evidencias. Jamal no pudo mencionar ninguna contradicción de la Escritura, no porque no tuviera la capacidad de hacerlo sino porque no existe ninguna.

OBJECIONES DE LOS MUSULMANES: «LA BIBLIA HA CAMBIADO»

Jamal también sostenía el punto de vista popular que afirma que la Biblia fue corrompida o transformada a lo largo de los años. Él creía que los seguidores de Cristo, luego de tantos siglos, habían quitado partes en las que se señalaba la venida de Mahoma y la verdad del Corán. Sin embargo no existe evidencia de ello. Es más, la responsabilidad la tienen aquellos que cambian algunas partes para probar su postura, porque ni el Corán ni un hadiz alegan claramente que haya habido corrupción o modificaciones en la Escritura, sino más bien muestran que hubo *malos entendidos* de ella. Si la Biblia estuviera corrompida, entonces ¿por qué el Corán la confirmó aproximadamente seiscientos años después?[20]

La Biblia es el manuscrito antiguo más auténtico de la historia. Tanto por los miles de manuscritos y fragmentos que existen en múltiples idiomas y culturas, como por las citas de los Padres de la iglesia primitiva, podemos tener la total confianza de que los escritos del Antiguo y del Nuevo Testamento son confiables, transmitidos por quienes primero los recibieron y creyeron que era el mensaje de Dios.

En lo que se refiere al tema de la confiabilidad de la Biblia muchas veces los cristianos liberales y los críticos expertos son los que mayor daño hacen. En casi todo debate público hay un líder o apologista musulmán que muchas veces ataca la confiabilidad de la Biblia basándose en los escritos de los expertos liberales. Citan a Bart Ehrman y a otros miembros del Seminario de Jesús como «expertos cristianos» que afirman que la Biblia sufrió modificaciones. Apelan a estos escritores en un intento de socavar la veracidad del mensaje de las Escrituras, su transmisión o autenticidad. En esos momentos me pregunto si los expertos liberales se dan cuenta del daño que le hicieron a la causa de Cristo en aquellas regiones del mundo. Me pregunto si se dan cuenta de que su desconfianza e intentos por desacreditar la Biblia contribuyeron en muchas ocasiones a que los musulmanes se endurecieran y se pusieran en contra de las verdades bíblicas.

No obstante, la respuesta sigue siendo la misma. Confíe en la Biblia. Permanezca firme ante su autoridad. Familiarícese más con los expertos que creen en la Biblia, quienes desmienten con total certeza el revisionismo, el constructivismo y las perspectivas incrédulas absolutas. Y, con sus propias palabras, pregúntele a su amigo musulmán, así como yo lo he hecho varias veces: «¿Por qué cita a no creyentes en una conversación entre personas del Libro?» Es irónico pero un musulmán y un cristiano, que creen que Dios habla a través de las Escrituras y protege su Palabra, tienen más en común entre ellos que con los académicos, clérigos y escritores que niegan la Biblia.

MÁS OBJECIONES A LA BIBLIA: «¡JESÚS NUNCA DIJO ESO!»

Muchas veces en los debates los musulmanes insisten en que los cristianos usan solo algunas partes de la Biblia que registran las palabras de nuestro Señor. Alegan que los que escribieron las

Escrituras malinterpretaron las enseñanzas de Dios y, por lo tanto, quieren limitar las discusiones solo a ciertos textos bíblicos. Con frecuencia, junto con esa actitud ante la Escritura, viene la insistencia de que les mostremos las palabras exactas en el texto mismo. Una vez un musulmán me exigió que le mostrara dónde Jesús decía «Yo soy Dios» con esas palabras exactas. Supongo que podemos llamar a este tipo de personas: «musulmanes de la letra roja».

Sin embargo, los cristianos no debemos aceptar esa premisa por más que le hayamos dicho a un musulmán que descarte el Corán. Los musulmanes creen que los acompañantes del profeta transmitieron fielmente las enseñanzas de Mahoma en la Escritura, y confían en esa transmisión. De la misma manera, nosotros no debemos dar ninguna explicación de nuestra confianza en que los profetas y apóstoles, guiados por el Espíritu de Dios, registraron las enseñanzas de Cristo y sus hechos tal como Dios lo quiso (ver 2 Timoteo 3:16-17; 2 Pedro 1:20-21). Las palabras escritas en rojo no son ni más ni menos inspiradas que las escritas en negro. Fueron los mismos escritores los que registraron unas y otras. Toda la Palabra de Dios es confiable y permanecerá hasta que sea cumplida (Mateo 5:18). Podemos tener la seguridad de que lo que Pablo, Mateo y Juan escribieron es la Palabra de Dios inspirada divinamente.

CONTEXTO, CONTEXTO, CONTEXTO

Después de intercambiar un par de llamadas telefónicas, Jamal y yo finalmente pudimos programar una fecha para almorzar. Él demostró que estaba dispuesto a encontrarse conmigo para hablar de esos temas con mayor profundidad. Escogimos un restaurante tranquilo y nos juntamos después de la oración del mediodía.

Fue un tiempo emocionante. Yo había planeado empezar contándole el testimonio de mi conversión, incluyendo una explicación detallada del evangelio. Y, apenas me senté, Jamal me dijo: «Quiero que me cuente su vida de principio a fin». Una puerta se estaba abriendo.

Le di mi testimonio de conversión y brevemente comencé a «desempacar» el evangelio. Luego él quería debatir acerca de la confiabilidad del Corán y de la Biblia. Un par de días antes había afirmado confiadamente que la Biblia tenía miles de errores y contradicciones, pero no pudo citar ni uno. Ahora había traído un documento preparado por él, que se centraba en un estudio islámico que delineaba supuestas contradicciones, con versículos y partes de versículos tomados fuera de contexto y leídos con una literalidad rígida.

Así que abrimos la Biblia para corroborar cada uno de los pasajes, leímos los versículos anteriores y posteriores a los que estaban en disputa, discutimos su significado y tratamos de resaltar las implicancias del Evangelio en esos textos. Fue un curso corto acerca de cómo leer las Escrituras; pero nada sofisticado. ¡Casi cada crítica que Jamal tenía de algún pasaje de las Escrituras fue aclarada allí mismo con el contexto inmediato del versículo!

Mientras estudiábamos, le recordé varios pasajes del Corán que describían la Torá, los Evangelios y los Salmos de David como revelación de Dios.[21] Y le pregunté: «Si la Biblia estaba corrompida, como tú dices, antes de que se escribiera el Corán (seiscientos años después de Cristo y los apóstoles), ¿por qué entonces el Corán reafirma lo que dice la Biblia?»

Enseguida evadió la pregunta con escenarios hipotéticos y afirmaciones dogmáticas. No pude ayudar a que Jamal aceptara que toda la Biblia es inspirada por Dios, sin embargo, por la gracia del Señor, dejó de insistirme en que no creyera solo en las Escrituras como la base sólida de mi creencia. Desde allí continuamos más o menos la discusión como si la Biblia fuera verdadera y confiable, lo que permitió que la obra de evangelización fuera más directa.

Solo leyendo unos cuantos pasajes más dentro de su contexto, el Señor me permitió avanzar y le pude presentar las buenas nuevas de Cristo.

SI CONFIAMOS EN ELLA USÉMOSLA

No hay una única y definitiva forma en que los cristianos podamos demostrar la confiabilidad de la Biblia al evangelizar a los musulmanes. Simplemente al abrir y usar nuestra Biblia estamos demostrando nuestra confianza en ella como Palabra de Dios y nuestra dependencia en su mensaje en lugar de en la sabiduría humana. A veces la mejor defensa es una buena ofensiva. Cuando basamos nuestro argumento en las Escrituras damos una señal implícita de su veracidad y autoridad.

A veces los cristianos creemos que al defender las Escrituras ofenderemos a nuestros conocidos musulmanes o a los inconversos. Sin embargo, en mi experiencia, los musulmanes nos respetan más profundamente cuando permanecemos firmes en nuestra creencia en la Escritura como la Palabra de Dios. Les gusta pensar de ellos mismos como personas que tienen una fe inquebrantable en el Corán. De manera que para muchos musulmanes un cristiano supuestamente fiel que no honra las Sagradas Escrituras es débil y no es digno de confianza. Ganamos terreno en la evangelización sencillamente cuando nos negamos a ser avergonzados y cuando confiamos en que la Biblia es la Palabra de Dios.

LO QUE DEBEMOS RECORDAR

1. La Biblia es un libro digno de confianza. La mayoría de las objeciones que los musulmanes tienen en contra de

ella pueden resolverse sencillamente al leer cada texto dentro de su contexto. Siempre lea los versículos anteriores y posteriores al texto en «disputa». Asegúrese de que todo se lea dentro de su contexto.

2. Use la Biblia al evangelizar. Usar las Escrituras demuestra la confianza que usted tiene en ella.

8

SER HOSPITALARIOS

¿Qué le parece nuestra hospitalidad? Fue la primera pregunta que mi joven amigo de Medio Oriente me hizo inmediatamente después de que nos presentaron. Había estado en los Emiratos Árabes Unidos durante aproximadamente dos años, y él quería saber cuan bien se desempeñaba la gente afamada por su hospitalidad. Algo robusto, con una barba oscura y esponjosa, su rostro reflejaba una mezcla de orgullo por la buena hospitalidad de los árabes y la determinación de hacer algo si, por alguna razón, no me habían atendido bien.

Mi impresión inmediata fue: *¡Vaya, nunca me habían hecho esa pregunta! ¿Cuántos cristianos harán esa pregunta a los extranjeros que conocen? ¿Será una práctica perdida entre los cristianos?*

Ahora, si hubiera querido podría haber hecho ciertas conjeturas y pasar por alto la bondad recibida, diciendo: «Nada de eso cuenta porque ellos no están en Cristo». Sin embargo creo que eso hubiera sido no captar el punto principal. Yo conozco a Cristo, y aun así me temo que tanto yo como quizá muchos otros cristianos ni nos acercamos a la hospitalidad de este joven. Así que en vez de tratar de dar explicaciones mejor arrepintámonos de esa conducta.

Han pasado varios años desde que me hicieron esa pregunta, y aún de vez en cuando pienso en ella. Ya sea que me motive el ser orgulloso, competitivo y pecaminoso, o una convicción genuina, quiero ser más hospitalario. ¡Debo serlo!

¡AY! ESO DUELE

Conozco a muchos cristianos que fueron heridos por otros cristianos, miembros de iglesias, que fallaron al amar de una u otra forma. Por la gracia de Dios, yo no tuve muchos incidentes en los que haya sufrido por parte de otros cristianos. Sin embargo, las veces que sentí mayor dolor y confusión en mi vida cristiana fue ante un ofrecimiento de hospitalidad que fue rechazado en repetidas ocasiones.

Mi esposa y yo nos habíamos interesado en una pareja nueva de la iglesia local de la que éramos miembros. Ellos parecían estar llenos de gozo y buena disposición, aun cuando estaban teniendo dificultades para establecerse en la comunidad de la iglesia. Como una de las pocas familias blancas dentro de una iglesia predominantemente afroamericana, sin dudas, ellos debían tener sus propios desafíos y notarían las diferencias culturales. Así que mi esposa y yo nos acercamos. Los invitamos a cenar varias veces en días de semana, buscamos su compañía los fines de semana después de los cultos, y nos ofrecimos a ser anfitriones de un encuentro casual para tomar café con otras personas de la iglesia con quienes ellos podrían contactarse.

Sin embargo, ellos rechazaron cada una de nuestras invitaciones. Vez tras vez nos ofrecieron distintas malas excusas. Así que con el tiempo terminamos heridos.

Al mirar en retrospectiva, quizá la pareja no estaba acostumbrada a tales invitaciones. Sin embargo, ese encuentro y nuestra pequeña herida nos enseñaron una lección: Es doloroso no ser incluidos en la vida de los demás, tanto si usted es el que invita o el que espera recibir una invitación.

¿QUÉ NOS IMPIDE SER HOSPITALARIOS?

Quizá sea una exageración decir que la práctica de la hospitalidad se ha perdido. Pero es cierto que necesitamos resucitarla, enseñarla nuevamente y practicarla. Aunque tal vez no les guste hacerlo, muchos se encuentran indecisos en cuanto a si mostrar hospitalidad a los demás o no.

Entre los cristianos existen cuatro factores que contribuyen a que no queramos ser hospitalarios, que impiden que actuemos con generosidad con los demás.

1. *Privacidad.* Pareciera que algunos se sienten cargados, incómodos o con falta de interés en compartir sus vidas con otros. La falta de disposición para abrirnos a los demás, invitarlos a nuestra mesa y servirles de la abundancia que el Señor nos ha dado reflejan dureza de corazón. Quizá las heridas del pasado nos hicieron reservados, o el egoísmo ha erosionado nuestro deseo de compartir. Sin embargo, cualquiera sea el motivo, muchos piensan que la vida cristiana se vive exclusivamente en privacidad. Reducen su fe a «una *relación* personal con Cristo» sin reconocer que también es necesario tener comunión con otros cristianos, y compartir la fe y la vida con los que no lo son. Cuando eso sucede la hospitalidad se esfuma.

2. *Temor a los hombres.* Para algunos el temor a los hombres juega un papel importante; socava la cultura de la hospitalidad. El temor podría tomar la forma de miedo

al rechazo. Mi esposa y yo podríamos haber cedido fácilmente ante el temor cuando aquel matrimonio de la iglesia rechazó nuestras invitaciones. También el temor a los hombres puede expresarse en vergüenza ante el hecho de que vean que tenemos un hogar «precario». Una mentalidad mundana asume que para mostrar hospitalidad debemos tener casas como las que se ven en las revistas de diseñadores, o con mobiliario y objetos finos (o tal vez finos como los de aquel vecino o amigo que tiene todo lo «verdaderamente hermoso» que nosotros codiciamos). Y, entonces, muchos cristianos descuidan ese ministerio tan importante porque en realidad están pensando en ellos mismos y comparándose con el estándar equivocado: otras personas caídas.

3. *Pasividad.* La pasividad es el tercer factor que contribuye a que no seamos hospitalarios. Tal vez no nos preocupa cultivar una relación afectiva relevante con los demás. Esperamos que la relación llegue a nosotros. Queremos que se dé de forma «natural» y que simplemente «fluya» o «que sintamos un clic» de repente. También existe el miedo a ser demasiado insistentes, pero creo que la mayoría está muy lejos de ser así. Realmente lo intentamos muy poco. Preferimos disfrutar de la comodidad de estar a solas con nuestros propios pensamientos, intereses y amigos del ayer, como los de la escuela o la universidad. No nos agrada esforzarnos en conocer a otros y ser vulnerables (mucho menos «entrometernos» en la vida de los demás) de un modo real y transparente. Sin embargo, para que la hospitalidad se desarrolle y crezca debemos renunciar a nuestra pasividad en relación a la amistad.

4. *Xenofobia.* Algunos le temen a quienes son diferentes a ellos. Ven las diferencias culturales o de forma de vestir y reaccionan con temor y desconfianza. Cruzar las barreras culturales y las fronteras étnicas nos parece tan imposible y peligroso como actuar de doble en las películas de acción, como el actor Evel Knievel que salta el cañón del río Snake en una motocicleta de fabricación casera. Consecuentemente, los musulmanes de nuestro vecindario son excluidos en lugar de ser aceptados, evitados en vez de invitados. La hospitalidad se deja de lado en honor al temor.

¿POR QUÉ PRACTICAR LA HOSPITALIDAD?

Los musulmanes, que practican siempre la hospitalidad de manera regular, valoran cuando esas acciones las llevan a cabo también los demás. Cuando mostramos hospitalidad les damos la bienvenida a nuestra vida. Pero hay algo aún más importante: mostramos hospitalidad para ganar amigos y también para preparar el terreno para luego compartirles nuestros valores y fe. Deberíamos practicar la hospitalidad por una serie de razones bíblicas y prácticas.

Permítame hacer una lista de las cuatro razones principales por las que debemos superar nuestras debilidades y temores, y practicar la hospitalidad con los musulmanes:

1. *En primer lugar la Biblia ordena a los cristianos que sean hospitalarios.* «Ayuden a los hermanos necesitados. Practiquen la hospitalidad» (Romanos 12:13). Debemos hacerlo porque nuestro Dios soberano nos lo pide. Nuestra obediencia a su mandamiento muestra que Él es el Señor de nuestra vida (Lucas 6:46) y que lo amamos (Juan 14:15, 21). Ya que la práctica de la hospitalidad

es un acto de obediencia que debe ser hecho con gozo y amor, debemos hacerlo sin quejarnos (1 Pedro 4:9).

2. *Segundo, la hospitalidad nos permite cuidar de los extranjeros que están entre nosotros*, tratándolos justa y amablemente. La Palabra de Dios muestra un interés especial por los extranjeros. Debido a que el pueblo del Señor fue en algunas ocasiones extranjero y estuvo en tierras lejanas debe mostrar compasión hacia los extranjeros que se encuentran dentro de sus puertas (Éxodo 22:21; 23:9). Muchos musulmanes de primera generación en los Estados Unidos tienen una sensación de hostilidad e incertidumbre, que los cristianos estadounidenses podrían aligerar al invitarlos a sus hogares a comer o a desarrollar actividades de su interés.

3. *Tercero, la Biblia enseña que nuestro cuidado por los extranjeros, de cierta manera, rinde un servicio a Jesús mismo* (Mateo 25:34-40). Los actos de misericordia que se hacen por los «más pequeños» de entre nosotros los hacemos finalmente para Dios mismo, quien cuida de las viudas, los huérfanos y los extranjeros. ¿Qué otra manera más práctica habría de hacer tangible nuestro amor por los perdidos que el abrir nuestros hogares y marcar días de encuentro en nuestros calendarios a fin de promover el acercamiento y la amistad?

4. *Cuarto, la hospitalidad es una señal de madurez y devoción cristiana.* Por eso, el Señor requiere que los líderes de la iglesia (1 Timoteo 3:2) y las viudas que reciben el apoyo de la iglesia (1 Timoteo 5:10) sean hospitalarios. Todo cristiano debería aspirar a servir de esta manera,

tal como nuestro Señor lo hacía. El no vino para ser servido sino para servir.

UNA OPORTUNIDAD PRÁCTICA Y ESTRATÉGICA

Los mandamientos bíblicos de servir a los demás también nos colocan en una posición privilegiada: nos dan una ventaja práctica para aprovechar las oportunidades únicas. Quizá la mejor manera de que los cristianos desarrollemos una amistad con los vecinos musulmanes que el Señor nos puso cerca es invitarlos a nuestro hogar. Alcanzaremos el mundo para Cristo si nos extendemos más allá de nuestras verjas, o del otro lado de la calle, y los invitamos a nuestros hogares.

El crecimiento numérico de musulmanes en lugares como los Estados Unidos comienza con un pequeño grupo de inmigrantes. Los seguidores del islam entran a los Estados Unidos como «extranjeros», muchas veces sin familia ni amigos. Vienen a estudiar a través de un intercambio internacional o a trabajar en busca de una oportunidad. Cuando llegan por primera vez no cuentan con casi nadie que los ayude, por lo cual los cristianos tienen la oportunidad estratégica de extenderles una mano de bienvenida y hospitalidad, y hablarles del evangelio. Aun así, la mayoría abrumadora de extranjeros en países como los Estados Unidos nunca ha entrado a un hogar estadounidense.

Ridwan y yo nos hicimos amigos mientras trabajábamos en un proyecto en Washington, D. C. Aunque nuestra diferencia de edad era de casi veinte años, disfrutábamos de la compañía mutua. Ridwan, el mayor de los dos, había huido de Irán con su familia cuando Ayatolah Khomeini subió al poder en 1979. Después de haber parado en muchos lugares, inmigraron a los Estados Unidos. La vida aquí desconcertó a toda su familia, especialmente a sus padres, quienes se sintieron apabullados por el ritmo de vida norteamericano, e incómodos con muchos de los patrones culturales. Enfrentaron muchas dificultades. Sufrieron la sospecha de la mayoría de los estadounidenses que no sabían nada acerca de su trasfondo étnico y religioso, y no siempre encontraban aceptación a su punto de vista político diferente del de Occidente. Ridwan recordaba que se sentían como extranjeros en una tierra extraña, sin nadie con quien entablar una amistad o que los guiara.

Muchos musulmanes continúan sintiéndose así hasta que se encuentran con otros musulmanes. Con frecuencia, los cristianos permanecen distantes cuando ven a un extranjero; y después se quejan cuando la comunidad musulmana se vuelve aparentemente impenetrable para ellos. Recibamos a los extranjeros desde que llegan. Invitémoslos a nuestra casa y a las actividades de nuestra vida diaria. Oremos para poder introducirnos dentro de esas comunidades a medida que se comienzan a formar y crecer. Tenemos la oportunidad de ser parte de ellos desde sus inicios.

Para poder testificarles debemos primero hacernos amigos de nuestros conocidos y vecinos musulmanes. No podemos hacerlo esperándolos en los corredores, y abalanzándonos sobre ellos con un tratado y gritándoles cuando vemos que pasan por allí. (Por favor, ¡no lo hagamos!). También podemos usar lo que el Señor nos ha dado (una sala, la mesa de nuestra cocina, comida y bebida, salidas comunitarias y celebraciones familiares) para invitar a nuestros amigos musulmanes a fin de que puedan experimentar la hospitalidad cristiana. Para que, en el camino, ellos «prueben y vean que el Señor [Jesús] es bueno» (Salmos 34:8).

Tal como dice un autor: «No es por obligación que debemos acercarnos a los musulmanes sino en amistad. Tenemos el derecho y el poder que Jesucristo nos dio para ser los más benevolentes y generosos del mundo, aquellos que no buscan su propia felicidad sino que luchan para que su felicidad sea hacer bien a los demás.»[22]

LA OPORTUNIDAD DE LA INMIGRACIÓN A LOS ESTADOS UNIDOS

Los mandamientos bíblicos acerca de practicar la hospitalidad aplican prácticamente a todos los debates que se dan en los Estados Unidos. Los cristianos podemos tener diferentes opiniones en cuanto a la *política* migratoria, pero no nos podemos diferenciar en cuanto al amor por las *personas* inmigrantes. Sopese las muchas instrucciones que la Biblia da acerca de cómo el pueblo de Dios debe tratar a los «inmigrantes», que es otra palabra usada para extranjeros o la gente que está lejos de su tierra natal:

> No maltrates ni oprimas a los inmigrantes porque ustedes también fueron inmigrantes en Egipto (Éxodo 22:21, PDT).

> No recolecte todas las uvas de sus viñedos ni recoja las que se caigan al suelo, déjenlas para el pobre y el inmigrante, porque yo soy el Señor, el Dios de ustedes (Levítico 19:10, PDT).

> Habrá una sola ley para todos ustedes, la cual se aplicará tanto al ciudadano como al inmigrante, pues yo soy el Señor su Dios (Levítico 24:22, PDT).

> Si un inmigrante vive entre ustedes y desea celebrar la Pascua del Señor, podrá hacerlo, pero deberá seguir las leyes de la Pascua con todas sus normas. Las normas serán iguales tanto para los ciudadanos como para los inmigrantes (Números 9:14, PDT).

> Porque el Señor tu Dios es el Dios de todos los dioses y el Señor de todos los señores. Él es grande, poderoso y terrible. Él no tiene favoritismos ni acepta sobornos. Él se encarga

> de hacer justicia a las viudas y a los huérfanos. Él ama al inmigrante que habita contigo y le da comida y ropa. Tú también debes amar al inmigrante, porque fuiste inmigrante en la tierra de Egipto (Deuteronomio 10:17-19, PDT).

> No juzgarás injustamente a un inmigrante o a un huérfano. No tomarás el abrigo de una viuda como prenda. Recuerda que eras esclavo en Egipto y el Señor tu Dios te liberó de allí. Por eso te mando que hagas esto (Deuteronomio 24:17-18, PDT).

En resumen, la Biblia requiere que los cristianos traten a los inmigrantes con justicia y amor. Más allá de cumplir con estos mandatos, el Señor nos llama a servir a nuestros vecinos inmigrantes con empatía genuina. En el Antiguo Testamento Dios insistía que Israel protegiera a los inmigrantes, recordando que ellos también «fueron inmigrantes en Egipto». En el Nuevo Testamento les dice a los hermanos de la iglesia que se conduzcan en el mundo como extranjeros y exiliados (1 Pedro 2:11). La intención de Dios es que su pueblo tenga empatía con aquellos cuyo estatus natural refleja el estatus espiritual del pueblo de Dios como creyentes peregrinos. El llamado a la justicia, al amor y a la empatía con los inmigrantes crea una condición a la cual finalmente ellos podrán unirse en la adoración a Dios; ya sea como hacían en el Antiguo Testamento cuando se unían a Israel para la celebración de la Pascua (Números 9:14), o en la actualidad al reconocer que Cristo es el verdadero Cordero de la Pascua inmolado por nosotros (1 Corintios 5:7).

La inmigración acorta las distancias del mundo y nos da un alcance misionero más amplio. Más allá de todas las políticas, debates y movimientos de personas, los cristianos debemos entender que es la mano soberana de Dios la que determina dónde vive cada persona a fin de que pueda acercarse a Él y escuchar las buenas nuevas de salvación (Hechos 17:26-27). Si limitamos simplemente nuestras preocupaciones a los asuntos terrenales y a las políticas temporales pasaremos por alto esta oportunidad providencial y maravillosa. Pero si practicamos la hospitalidad e incluimos a nuestros vecinos musulmanes a nuestra vida, aprovecharemos la bendición que resulta de la inmigración.

LA HOSPITALIDAD CRISTIANA EN ACCIÓN

Aquellos que practican la hospitalidad, desde los gestos más simples a los más generosos, encuentran que el Señor usa muchas veces esas situaciones para producir fruto espiritual. Diversos ejemplos vienen a mi mente:

1. Kendria es una amiga a quien apreciamos, que trabaja en un programa de «Inglés como Segundo Idioma» (ESL) en una ciudad importante. Se hizo amiga de un supervisor musulmán en el trabajo, escuchando pacientemente sus críticas del cristianismo y de los cristianos. Luego de oír sus opiniones durante algún tiempo, un día ella se impacientó y «le dio una lección». Inmediatamente después sintió que Dios la redargüía por el pecado que había cometido contra su compañero de trabajo. Entonces, una mañana fue a la oficina de él y se disculpó por lo que había hecho. Tuvieron una conversación placentera, al final de la cual ella tuvo el valor de invitar a ese joven, compañero de trabajo, a la iglesia. Para su sorpresa, él estuvo de acuerdo en asistir. Kendria le mostró fielmente a su amigo las instalaciones de la iglesia, lo guio al servicio de la mañana y le presentó a varios de sus amigos. Su humildad y hospitalidad, así como la amabilidad de los hermanos de la iglesia, dio un testimonio brillante

que desmintió algunas de las ideas que tenía este hombre sobre los cristianos.

2. Karen trabaja con estudiantes internacionales que viven en los Estados Unidos. En una reunión de oración en su iglesia, ella contó que la gran mayoría de los estudiantes extranjeros nunca había entrado a una casa de un estadounidense mientras estuvo en el país. La estadística de un estudiante del campus arrojó que el ochenta por ciento de los estudiantes extranjeros nunca interactúan de manera relevante con los estadounidenses. Sin embargo, Karen combina sabia y misericordiosamente su trabajo de Inglés como Segundo Idioma con la hospitalidad cristiana. Ella organiza actividades de ESL en su iglesia, e involucra a los miembros para que sean tutores y anfitriones en las reuniones a fin de que los estudiantes extranjeros y los cristianos pueden interactuar. En cierta ocasión invitó a varios estudiantes a asistir a una boda cristiana, empujando a todos a la hospitalidad y a las relaciones cristianas en la recepción luego de la boda. La amistad y la oportunidad para evangelizar florecían por su consideración con ellos.

3. Stephanie, una estudiante de medicina de ascendencia hindú, buscó al Señor en fe durante un servicio de Santa Cena en su iglesia local. Llena de gozo en Cristo, le habló de su esperanza y amor por Él a su compañera de cuarto que era musulmana. Con el tiempo, la invitó a que la acompañara a la iglesia. Muchos de los hermanos en Cristo estaban sorprendidos al ver a una musulmana, vistiendo su atuendo tradicional, en la iglesia ese domingo a la mañana. Sin embargo, reaccionaron

con bondad y entusiasta hospitalidad, y así ayudaron a Stephanie a continuar la relación con su compañera de habitación.

4. Hace un par de años me invitaron a disertar en la Convención Mundial de Misiones Bangor, en el Norte de Irlanda. Mientras estábamos allí, mi esposa y yo recibimos una de las más cálidas muestras de hospitalidad y ofrecimiento de amistad que hayamos conocido. Los santos del Norte de Irlanda no solamente fueron amables con nosotros, sino que su hospitalidad se expresaba en una evangélica preocupación por el pueblo musulmán. Una noche, durante la convención, una mujer mayor se acercó a mí. Llevaba de la mano a un joven ligeramente nervioso que parecía sentirse fuera de lugar. Se trataba de un amigo musulmán a quien había invitado a aquel evento, y ahora ella se acercaba para presentarse y presentar a su amigo. Con amor y gracia, me contó algunos detalles de su vida y de su fe, y luego abrió la oportunidad de que conversáramos con el joven musulmán. Antes de que terminaran nuestros diez minutos, el Señor había puesto dos nuevos amigos en nuestra vida, y tuve la esperanza de que se habían plantado semillas para una futura conversación sobre el evangelio con mi nuevo amigo musulmán. La hospitalidad sencilla que esta mujer mostró al invitar a este joven, que vivía en un país extranjero y no tenía amistades espirituales verdaderas, podría resultar en que él ganara la vida eterna. Ruego que así sea.

Aunque muchos de los ejemplos anteriores no relatan conversiones espectaculares, estas sí se producen. Y cuando eso ocurre nuestra obra de hospitalidad no termina allí; en muchos casos recién acaba de comenzar. Debido a que los musulmanes vienen de familias que los desheredarán por su fe en Cristo, los cristianos debemos estar preparados para albergar y cuidar a los nuevos creyentes de trasfondo musulmán.

John pastorea una iglesia local en un país predominantemente musulmán. La profundidad de la hospitalidad de John fue puesta a prueba cuando una joven se arrepintió de sus pecados y creyó en la obra de Jesús como su substituto y Salvador. Luego de experimentar la gracia de Dios en Cristo, su familia se dejó de relacionar con ella como si estuviera muerta. Así que John y su familia recibieron a esta nueva creyente y le dieron la bienvenida como parte de su propia familia. La casa de John se convirtió en su hogar, y la familia de la iglesia en su propia familia. A través de su cuidado y amor, Dios le dio a esta joven hermanos y hermanas, padres y madres, cien veces más de lo que ella había perdido por seguirlo a Él.

MUJERES QUE ALCANZAN MUJERES

Las mujeres cristianas tienen una oportunidad que los hombres cristianos nunca podrán tener en lo que se refiere a la hospitalidad. La mayoría de las musulmanas, en un escenario tradicional, tendrá contacto significativo solamente con otras mujeres y con los hombres de su familia. Se hace un gran esfuerzo por proteger la modestia y la seguridad de la mujer musulmana al mantenerlas apartadas de los hombres en general.

Mientras las conversaciones de los hombres podrían no ser solicitadas e infructuosas, las oportunidades para las mujeres cristianas pueden ser muchas. Si usted es una mujer cristiana, la animo a reconocer el rol único que puede jugar en alcanzar a las mujeres musulmanas. Se empieza por desarrollar una amistad y por mostrar hospitalidad.

Muchas mujeres musulmanas conocen pocas personas fuera de sus propias familias, así que establecer relaciones puede ser lento y difícil. Conozco dos esposas y madres devotas que trabajan junto a sus esposos en el Medio Oriente. Leanne y Keri comparten la visión de sus esposos de ver al pueblo musulmán convertido, habiendo conociendo el amor y la gracia de Dios a través de Jesucristo. Son miembros fieles de sus iglesias locales. Y están comprometidos con su único rol de compartir el evangelio con las mujeres musulmanas.

En los Estados Unidos las mujeres enfrentan el mismo reto. Se necesita tiempo para desarrollar amistades y una relación de confianza y apertura. Sin embargo, humanamente hablando, el único acceso que las mujeres musulmanas tendrán al evangelio en los Estados Unidos es a través de mujeres cristianas que amablemente les brinden su amistad. Y tal amistad incluye sin dudas la hospitalidad.

La hospitalidad crea oportunidades. En muchos casos, invitar a una mujer musulmana a tomar el té y a conversar provee una oportunidad perfecta para hablar y llegar a conocerse mutuamente. Idealmente, esto podría hacerse con ellas cuando los hombres no están en la casa. Las mujeres que trabajan dentro del hogar tienen mayor flexibilidad para ministrar a las mujeres musulmanas.

Shirin Taber ofrece unos consejos fantásticos en lo que se refiere a ser anfitriona de mujeres musulmanas en el hogar. «Cuando sea su turno de invitar a Shandiz y a Mitra a su hogar, haga que la primera impresión cuente. Su mesa debe tener abundancia de pastelillos o comida festiva, como galletas, nueces, fruta y patatas fritas. Ofrezca a sus invitadas varias tazas de té o café, insistiendo que coman más, ya que es una costumbre musulmana rechazar cortésmente la primera oferta o la siguiente taza. Siempre sirva primero a sus invitadas (una bandeja de galletas o un nuevo plato de comida en la cena) antes de servirse usted. Agasájelas con amor. Hágalas sentir como de la realeza.»[23]

Conocer las costumbres musulmanas demuestra que usted es sensible y considerada con la otra persona. Así como los occidentales luchan contra el estereotipo de la mujer musulmana, los hombres y mujeres musulmanas luchan contra el estereotipo de mujer occidental. Muchos musulmanes se sienten incómodos con los estándares de vestimenta occidentales. A veces yo me he avergonzado al ver hombres o mujeres occidentales ligeros de ropa en contextos predominantemente musulmanes, en donde la modestia implica vestir con prendas que los cubran completamente. Y, para ser sincero, la falta de modestia es un problema incluso para muchas mujeres cristianas.

Damas, cuando evangelicen a las musulmanas y a sus familias asegúrense de vestir con gusto y decencia. Usen ropa que se pondrían para ir a la iglesia o a una reunión formal. Su modestia halagará al evangelio (1 Pedro 3:4-5) y ayudará a otros a sentirse cómodos con ustedes.

Es más, asegúrense de que sus hijos vistan modestamente. Los musulmanes creen que los hijos son el reflejo de sus padres. La falta de decencia de los hijos desacreditará a los padres. Las jóvenes deberían ser especialmente cuidadosas de cubrirse de maneras que comuniquen respeto hacia ellas mismas y hacia los demás, evitando totalmente la vestimenta provocativa. Los pantalones cortos y las blusas sin mangas, así como los pantalones de jean rotos, pueden distraer y hasta desanimar a sus huéspedes musulmanes.

Con el tiempo el Señor podría permitirle que presente a su amiga musulmana a un círculo más amplio de mujeres cristianas. Aproveche esa oportunidad cuando su amiga se sienta más cómoda.

Cuando cursaba la universidad, Stephanie compartió un apartamento con Sharifa, una joven musulmana. El acuerdo de vivir de un modo tan cercano proveyó muchos momentos para construir una relación y profundizar su amistad. Mientras Stephanie practicaba su fe, Sharifa fue sintiéndose más cómoda con ella y sus amigas cristianas. Con el tiempo, Sharifa se sintió lo suficientemente segura como para ir a la iglesia en donde ella escuchaba el evangelio que se predicaba con claridad.

¿ES USTED HOSPITALARIO?

Dios deja claro en las Escrituras su mandato de que debemos mostrar hospitalidad. Nuestra generosidad provee oportunidades de vivir el evangelio de un modo práctico y relevante. En Cristo, Dios acercó a sí mismo a aquellos que estaban lejos (Efesios 2:13), y a sus enemigos implacables los hizo sus hijos (Romanos 5:6-10). Cuando abrimos nuestra vida y nuestro hogar a los demás imitamos al Señor y extendemos su bondad y su amor (Efesios 5:1-2).

¿Muestra usted hospitalidad hacia los demás? ¿Ayuda a los que están en necesidad? ¿Está abierto su hogar para los «extranjeros» y los «inmigrantes» de su vecindario? ¿A quién ha puesto Dios en su camino para que el amor de Cristo pueda verse a través de su cálida bienvenida y su cuidado? Las oportunidades abundan para dar a conocer de Cristo a nuestros amigos musulmanes. ¿Está listo para aprovechar esas oportunidades para el Señor?

LO QUE DEBEMOS RECORDAR

1. Dios manda a su pueblo a que sea hospitalario. Al serlo, el Señor abre numerosas oportunidades para que desarrollemos amistades y presentemos el evangelio.

2. La mayoría de los inmigrantes que llega a los Estados Unidos nunca entra a un hogar estadounidense,

especialmente a uno cristiano. Servir a los extranjeros y a quienes están en necesidad es una manera de servir al Señor.

9

UTILICE A SU IGLESIA LOCAL

El diálogo cristiano-musulmán terminó con gran energía. Se había hablado mucho, y el público aún tenía preguntas y comentarios para hacer.

Antes de que terminara el debate escuchamos gran cantidad de preguntas durante la sesión formal de preguntas y respuestas. Sin embargo, cuando la audiencia comenzaba a retirarse, algunos de los asistentes se acercaron para continuar hablando. Farhud transmitió una inquietud que le había surgido en el momento de preguntas y respuestas del programa: «¿Por qué los cristianos son tan inmorales?»

Según su experiencia, los cristianos viven de un modo que ningún musulmán consideraría que honra a Dios. «¿Por qué los cristianos beben, fuman, tienen sexo fuera del matrimonio y tienen tantas otras conductas inmorales?», preguntó.

Rodeado de un pequeño grupo de inquisidores, pude percibir que no era el único que tenía esa preocupación. Las personas asintieron, en concordancia con él, mientras se inclinaban para escuchar la respuesta.

¿LA IGLESIA ESTÁ LLENA DE HIPÓCRITAS?

Hablando sinceramente, hubo un tiempo en el que sentía lo mismo que Farhud. Todos los cristianos que conocía eran hipócritas. Predicaban altos estándares de moralidad y vivían muy por debajo de ellos. Imponían sobre los demás sus valores pero no se preocupaban por observarlos. Solía pensar que todos ellos vivían versiones del poema clásico de Paul Laurence Dunbar, *Nos ponemos la máscara:*

Usamos la máscara que sonríe y miente,
Oculta las mejillas y las sombras de nuestros ojos,
Esta deuda que pagamos a la astucia humana;
Con el corazón desgarrado y sangrando, sonreímos
Y la boca con matices innumerables.
¿Por qué el mundo es demasiado sabio,
al contar todas nuestras lágrimas y suspiros?
No, solo nos dejó ver, mientras que
nos ponemos la máscara.
Nos sonreímos pero, ¡oh, gran Cristo!, nuestro clamor
a ti surge de las almas torturadas.
Cantamos, pero oh la arcilla es vil
bajo nuestros pies, y larga es la milla;
Pero deja que el mundo de los sueños de otro modo;
¡nos ponga la máscara![24]

El poema de Dunbar, publicado por primera vez en 1896, describía originalmente la estrategia de muchos afroamericanos que soportaban la angustia de la vida en una nación estadounidense que los segregaba. Por fuera se ponían una máscara sonriente, pero por dentro el clamor surgía desde las «almas torturadas». Y esa me parecía una descripción bastante acertada de la gente que iba a la iglesia. Antes de convertirme en cristiano suponía que todas las iglesias estaban llenas de hipócritas.

Luego, me convertí al cristianismo y supe que Farhud y yo estábamos en lo correcto: Las iglesias *están* llenas de hipócritas.

Sin embargo, descubrí cuatro cosas que no sabía:

Primero, la mayor parte de los cristianos dentro de las iglesias se apenan por sus faltas. Su «hipocresía» muchas veces refleja debilidad, no maldad. Luchan contra su carne y su pecado, y anhelan ser como Cristo. Antes veía solo la debilidad, pero ahora comencé a ver también el corazón. Desde afuera no sabía cuál era la lucha espiritual que existía dentro de la iglesia. Pero supera grandemente a cualquier resistencia al pecado que haya visto fuera de la iglesia.

Segundo, aprendí que la «hipocresía» de los cristianos es mucho menos peligrosa que la de los no cristianos. Cualquier debilidad que corrompa el testimonio de los cristianos es benigna en comparación con el engaño intencional y las argucias de la gente que ama su pecado y que está esclavizada por él. La hipocresía vengativa de aquellos que están fuera de la iglesia hiere, mutila y asesina con mucha más eficiencia, eficacia y precisión que cualquier hipocresía que pueda residir en las iglesias cristianas.

Tercero, aprendí que los cristianos luchan contra la hipocresía porque aman a su Salvador, quien murió por la hipocresía de ellos. El Evangelio habla de la hipocresía de una manera que el islam y las filosofías seculares nunca podrían. Cristo murió por los hipócritas y, por su gracia, los transforma en hijos de justicia. Evitar la hipocresía no es un asunto de moralidad ni de observar reglas; se trata de una renovación sobrenatural producida primordialmente por la vida del nuevo nacimiento. Lo que me parecía una felicidad fantasiosa y superficial, que enmascaraba una profunda desesperación y deshonestidad, era realmente un gozo genuino por haber sido perdonados por todas sus transgresiones. Los cristianos no portan máscaras, sino más bien se deleitan en la victoria y la libertad que se halla en el perdón de Jesús.

Finalmente, supe con claridad que Farhud y yo habíamos malinterpretado a los cristianos occidentales. Mucha de la preocupación musulmana sobre la manera en que los «cristianos» se comportan proviene de igualar al cristianismo con la cultura occidental en general. La mayoría de los musulmanes no se dan cuenta que los cristianos agonizan por las películas de Hollywood, la indecencia, la promiscuidad, las borracheras, la violencia, el odio hacia las mujeres, la cultura de una juventud fuera de control y otros padecimientos sociales. Esas costumbres no se hallan en la fe cristiana. Es más, muchos de los que se profesan musulmanes, al vivir en tierras de grandes libertades, también participan de esos padecimientos. Por supuesto, la iglesia tiene sus fallas; sin embargo, no debe culpársela por el producto pecaminoso de una cultura caída; así como tampoco debería culparse a todos los musulmanes por las acciones terroristas de unos pocos.

La iglesia está llena de *ex* hipócritas *redimidos* de su hipocresía por el amor de Dios en Cristo Jesús. Entonces, exponer a nuestros amigos musulmanes a la verdadera iglesia no obstaculiza sino que nos *ayuda* en nuestros esfuerzos para que ellos comprendan el evangelio.

LA IGLESIA LOCAL Y LA EVANGELIZACIÓN

La iglesia local funciona como una cooperativa que difunde la evangelización. De hecho, eso parece ser lo que el apóstol Pablo tenía en mente cuando alababa a Dios por la iglesia de Filipos, la que compartía el evangelio o se unía a él para hacerlo (Filipenses 1:4-5). Aun cuando Pablo estaba preso, los cristianos de Filipo continuaron la obra de difundir el testimonio de Jesús.

De igual manera, cuando estamos limitados de alguna forma en nuestros esfuerzos evangelísticos, el Señor puede usar a nuestros hermanos en Cristo para continuar llevando su mensaje a nuestros amigos musulmanes.[25] Tal evangelización cooperativa puede pronunciar la verdad acerca de la misión de Jesús, aun cuando nosotros nos hallemos sin saber qué decir. Necesitamos palabras para comunicar el evangelio, pero estas deben colocarse como un diamante en el contexto de oro de la iglesia local.

A medida que practica la fe y la vida que se halla en Cristo, la iglesia local testifica la verdad del evangelio de maneras que individualmente no lo podría hacer. Joshua Harris lo escribe con claridad:

> Lo que mejor hace una congregación local es mostrar a sus vecinos no cristianos que la *vida nueva* disponible por medio de la muerte de Jesús en la cruz es también el fundamento para una *sociedad nueva.* Al vivir el evangelio como una comunidad distinta, la iglesia local cumple la importante misión de mostrar los efectos transformadores del evangelio para que el mundo los vea. Los demás no podrán ver esta visión con mayor amplitud si nosotros permanecemos alejados unos de otros y vamos por caminos diferentes.[26]

Harris debate elocuentemente tanto por la necesidad de ser parte de la iglesia local como por la centralidad que esta tiene en nuestra evangelización. Lejos de ser algo de qué avergonzarnos o criticar, la iglesia muestra la belleza atractiva del evangelio como nadie más sobre la tierra lo hace. Vemos esto por lo menos de tres maneras:

EL AMOR DENTRO DE LA IGLESIA LOCAL MUESTRA CÓMO ES EL DISCIPULADO VERDADERO

El cristianismo contemporáneo tiende a ver la obra evangelística en términos de un método: una persona debe convencer a otros de «tomar la decisión» de seguir a Cristo. Mi objetivo aquí no es realizar una revisión de los métodos evangelísticos utilizados por una organización o un individuo en particular. Sin embargo, espero señalar algo que se ha perdido en la evangelización y su práctica: la iglesia local.

Parece haber quedado claro que la intención de Jesús era que la iglesia local fuera de ayuda, no de estorbo, para testificar a los demás. En Juan 13:34-35 el Señor declara: «Este mandamiento nuevo les doy: que se amen los unos a los otros. Así como yo los he amado, también ustedes deben amarse los unos a los otros. *De este modo todos sabrán que son mis discípulos, si se aman los unos a los otros*» (cursivas añadidas).

Observe que la intención del Maestro es que el amor compartido entre los discípulos cristianos sea tan radical y tangible que «todos» puedan ver que somos seguidores de Jesús. El amor diferencia a los verdaderos discípulos de Cristo de los que pertenecen a la «cultura cristiana» o el patrimonio de la cultura occidental. Una comunidad de amor, a través de las distinciones étnicas, culturales y etarias, testifica poderosamente la verdad del evangelio.

LA UNIDAD DE LA IGLESIA LOCAL REVELA QUE CRISTO HA VENIDO

En su discurso de despedida que se encuentra en Juan 17, nuestro Señor oró al Padre por todos aquellos que creerían en Él. Una de las peticiones principales que hizo ese día era la unidad de sus seguidores:

> No ruego solo por estos. Ruego también por los que han de creer en mí por el mensaje de ellos, *para que todos sean uno*. Padre, así como tú estás en mí y yo en ti, permite que ellos también estén en nosotros, *para que el mundo crea que tú me has enviado*. Yo les he dado la gloria que me diste, *para que sean uno, así como nosotros somos uno*: yo en

> ellos y tú en mí. Permite *que alcancen la perfección en la unidad, y así el mundo reconozca que tú me enviaste y que los has amado a ellos tal como me has amado a mí* (versículos 20-23, cursivas añadidas).

El islam afirma en repetidas ocasiones que es una religión universal. Los musulmanes presumen de los muchos pueblos diferentes que practican esa fe.

Pero aquí Jesús ruega no solo por una universalidad externa, sino por una unidad en la permanencia espiritual. Él pide que todos sus seguidores experimenten una unidad como aquella que Él tiene con el Padre. La intención de Jesús es que la unidad espiritual cristiana debe comunicarle ciertas verdades al mundo. Debe decirle al mundo que el Padre ha enviado al Hijo.

Cuando procuramos mantener la unidad en la iglesia (Efesios 4:3), para demostrar en la práctica la realidad que Cristo conquistó en la cruz (Efesios 2:14-18), enviamos un mensaje poderoso al mundo que nos observa. Le decimos: «Jesús ha venido del Padre. El Padre ama a su pueblo tanto como ama a su Hijo». Los musulmanes necesitan conocer ese mensaje, y lo podrán ver a través de la unidad de los miembros de nuestras iglesias locales.

LA IGLESIA LOCAL REVELA LA SABIDURÍA DE DIOS

No obstante, aun estando entre muchos cristianos, la iglesia tiene una reputación manchada. Su debilidad e imperfecciones reciben la máxima atención, mientras que sus fortalezas y su poder permanecen sin ser vistas. Como cristianos debemos recuperar algo del esplendor y la majestuosidad de la iglesia, la cual está formada por el pueblo redimido de Dios.

A pesar de todos sus problemas, la iglesia aún le da la alabanza y la gloria a Dios. El apóstol Pablo señala que la iglesia revela realmente un misterio escondido en los siglos pasados: que judíos y gentiles deben ser coherederos y miembros de un mismo cuerpo. El apóstol escribe «que la sabiduría de Dios, en toda su diversidad, se dé a conocer ahora, por medio de la iglesia, a los poderes y autoridades en las regiones celestiales» (Efesios 3:6, 9-10). Él dice que la razón por la que predica el evangelio es para declarar la «diversidad» —variedad múltiple— de la sabiduría de Dios, a fin de que sea conocida ante el mundo a través de la iglesia.

Toda la sabiduría de Dios se presenta ante todos los poderes de las esferas espirituales a través de la iglesia. ¿Sabe lo que los ángeles y los seres humanos redimidos, e incluso los demonios —quienes se oponen al plan de Dios—, deberían decir cuando ven a la iglesia, creación de Dios? Deberían clamar: «¡Sabiduría! ¡Indiscutible y gloriosa sabiduría! ¡Dios, eres tan sabio!»

¿Alguna vez sus hijos o nietos le llevaron un dibujo o una manualidad que hicieron en la escuela? Seguramente estaban muy orgullosos de su creación, y habrán gritado: «¡Mamá, papá, (abuela o abuelo), mira lo que hice!» El padre o abuelo habrá mirado el dibujo amablemente, le habrá sonreído y puesto su mano suavemente sobre su hombro, diciéndole: «¡Qué hermosa es tu jirafa!» Seguramente el niño lo habrá mirado, ligeramente confundido, y le habrá dicho: «No es una jirafa. ¡Es un dibujo de nuestras vacaciones familiares!»

Es uno de los momentos impagables que los niños nos permiten vivir. Y, cuando sucede, pretendemos reconocer a «una familia». Y, sin ánimo de «ofender al aspirante a Rembrandt», concluimos: «Es un hermoso retrato familiar». Y luego lo colocamos en la puerta del refrigerador. Básicamente le seguimos la corriente al niño y luego le ofrecemos palabras de ánimo debido al potencial que esperamos que él desarrolle. Lo amamos, así que maquillamos un poco la verdad.

Sin embargo, cuando Dios coloca a la iglesia «en la puerta del refrigerador» del universo, nadie le sigue la corriente ni le dice: «Vaya, tienes potencial». Todos, tanto los ángeles santos como los caídos, miran a la iglesia creada por Dios, a la nueva creación de los pecadores y rebeldes, y dicen: «¡Guau! ¡Qué gran despliegue de sabiduría!»

Cuando observamos a la iglesia nuestra reacción debería ser de reverencia y asombro. Él se hizo a sí mismo nuestro Dios y nos hizo a nosotros su pueblo. En vez de criticar y denigrar, deberíamos clamar «¡Oh, Dios mío!», no de forma vana sino asombrados, maravillados, y llenos de amor porque solo Dios podría crear algo tan hermoso, y solo Él tiene la sabiduría para hacerlo.

POR LO TANTO, USE A SU IGLESIA LOCAL

Todo esto significa que el ser miembro y estar involucrado en la iglesia local hace que la obra de evangelización sea significativamente más fácil. Mostrar amor cristiano se vuelve más fácil cuando les demuestra su fe a quienes no son como usted, en lugar de tratar de hacerlo a solas o en pequeños grupos de personas de su mismo trasfondo.

De la misma manera, la unidad cristiana facilita el demostrar que nuestras afirmaciones acerca de Jesús no son idiosincrasias individuales. Seguimos a Jesús no porque somos personas raras sino porque Él es Señor de todo, y nuestra unidad que no tiene fronteras naturales lo demuestra.

¿Cómo podemos usar a nuestra iglesia local efectivamente en nuestro esfuerzo de presentarles amorosamente a Jesucristo a nuestros vecinos musulmanes?

- Invite a sus amigos musulmanes a que lo acompañen a los servicios de la iglesia y a otras reuniones. No ceda ante el estereotipo falso que afirma que los musulmanes no están interesados en ir a la iglesia. Algunos no querrán, pero muchos sí. Invítelos amablemente. Y repetidamente. Tenga confianza de que el Señor usará a su pueblo para comunicarles la verdad de Jesús.

- Empiece un grupo de oración con amigos en la iglesia. La evangelización y la conversión requieren de nuestras oraciones más fervientes. Reunirse regularmente con otros para hablarles acerca de las oportunidades para testificar, y para pedir la bendición del Señor, provee el poder necesario para cambiar corazones y hacernos valientes para predicar.

- Ore por la predicación del evangelio en su iglesia local. Su pastor necesita las oraciones de su pueblo. Ruegue que la Biblia tenga un impacto duradero en el alma de la persona y que el Señor bendiga esa prédica con poder a fin de que los perdidos se salven.

- Organice eventos sociales con amistades de la iglesia que incluyan a amigos musulmanes. Considere una comida navideña donde alguien comparta brevemente el evangelio y quizás una palabra de ánimo. Organice una salida después del servicio del domingo por la mañana. Invite a los no cristianos al servicio y a la salida después de este. Asegúrese de debatir lo que se habló en el servicio y responda las preguntas que puedan surgir. Empiece un estudio bíblico evangelístico específicamente para musulmanes que involucre a algunos amigos de la iglesia también.

LA IGLESIA EMBELLECE EL EVANGELIO

Las formas en las que podemos usar a nuestras iglesias para que adornen el evangelio son muchísimas. Y deberíamos usar el testimonio corporativo de la iglesia local, porque Dios revela mucho sobre sí mismo y sobre su Hijo a través de nuestras congregaciones locales. Cuando los cristianos viven en unidad y usan sus dones espirituales la gracia de Dios se derrama sobre su pueblo (1 Pedro 4:10). En todos nuestros esfuerzos evangelísticos necesitamos provisión fresca de la gracia de Dios para que podamos perseverar y trabajar celosamente hasta que Él venga. Esa gracia viene a nosotros a través de la iglesia.

La iglesia es el pilar y el fundamento de la verdad (1 Timoteo 3:15). Domingo a domingo, los fieles pastores guían sus asambleas en la celebración de la verdad cuando los cristianos cantan, oran y predican la Palabra de Dios. Esto hace de la iglesia local un aliado increíble en nuestros esfuerzos por expandir el evangelio entre el pueblo musulmán. Como Charles Bridges dijo una vez:

> La iglesia es el espejo que refleja todo el resplandor del carácter divino. Es la escena principal en la que se muestran al universo las perfecciones de Jehová. Las revelaciones hechas a la Iglesia, los grandes eventos exitosos de su historia y, sobre todo, la manifestación de la «gloria de Dios en la Persona de Jesucristo» proveen, aun a las inteligencias celestiales, temas nuevos de adoración contemplativa.[27]

LO QUE DEBEMOS RECORDAR

1. La iglesia local es el plan de Dios para mostrar su sabiduría y amor a un mundo caído. Consecuentemente, todo cristiano debe ser un miembro activo de ella.

2. La iglesia local provee oportunidades para unirse a otros cristianos a fin de dar a conocer el evangelio a nuestros amigos musulmanes. No debemos hacer solos la obra de evangelización.

10

SUFRIR POR EL NOMBRE

Luego de los ataques terroristas perpetrados al *World Trade Center* de Nueva York y al Pentágono el 11 de septiembre de 2001, el conductor de un espectáculo televisivo cristiano muy conocido se metió en problemas por elogiar lo que a él le pareció un acto de valentía de los terroristas responsables de dichos ataques. Elogió su compromiso de haber dado su vida por la causa del islam.

Sus palabras fueron descuidadas porque lastimaron a mucha gente que estaba afectada por esos horrendos hechos. Sin embargo, lo que el conductor intentó destacar es digno de observar: Algunos musulmanes parecen estar dispuestos a padecer grandes sufrimientos por el islam. En contraste, muchos cristianos parecen no estar dispuestos a sufrir por Cristo.

EL PODER DE LA YIHAD ISLÁMICA

¿Por qué tantos musulmanes parecen estar dispuestos a sufrir en el nombre de Alá? La respuesta clave es la creencia en la *yihad*, que literalmente significa «esforzarse» o «luchar». Generalmente, tal esfuerzo apunta al cumplimiento de uno de estos dos propósitos:

avanzar en la devoción personal (oración, ayuno, etc.) o promover y defender el islam. Los musulmanes moderados tienden a enfatizar los aspectos espirituales de la yihad, mientras que los militantes piensan en ella en términos de lucha armada y conquista. Cualquiera sea el caso, la doctrina de la yihad influencia la práctica de numerosos musulmanes. Muchos se sacrifican voluntariamente para promover el islam y ganar así la recompensa del paraíso. La lucha y la muerte por la causa del islam es lo único que le garantiza el paraíso al musulmán.

Desde el 11 de septiembre de 2001 los estadounidenses se volvieron más conscientes de los ataques terroristas locales y en el extranjero, debido a que estos se producen continuamente en distintas partes del mundo y a que son cubiertos y transmitidos constantemente por los noticieros. Los videos históricos de las torres gemelas humeando y colapsando evoca el recuerdo de las vidas perdidas y el desastre repentino. La palabra *yihad* se ha vuelto común en la jerga estadounidense como sinónimo de tales imágenes y ataques.

EL LUGAR DEL SUFRIMIENTO CRISTIANO

Mientras nuestros televisores difundían imágenes del islam militarista y de jóvenes yihadistas preparándose para matar y/o morir por la causa, se podían ver al mismo tiempo programas cristianos que presentaban a predicadores que elogiaban las «bendiciones» de la prosperidad material, el lujo y la comodidad. En ellos no se definía la vida cristiana en términos de sacrificio, de lucha o de un camino angosto, sino en términos de riqueza, posesiones y una vida sin problemas. Como consecuencia de tal enseñanza, tanto de algunas iglesias como a través de la televisión, muchos han perdido el sentido de que seguir a Cristo tiene un costo. Además, la abundancia material que existe en los Estados Unidos lleva a muchos cristianos a estar cómodos con lo que tienen y dudar si deberían sufrir por el evangelio. Como resultado, el sufrimiento cristiano no encuentra lugar en el pensamiento de muchos. Sin embargo, las referencias a la certeza del sufrimiento por parte de quienes siguen a Jesús se encuentran repetidamente en el Nuevo Testamento:

> Luego dijo Jesús a sus discípulos: Si alguien quiere ser mi discípulo, tiene que negarse a sí mismo, tomar su cruz y seguirme. Porque el que quiera salvar su vida, la perderá; pero el que pierda su vida por mi causa, la encontrará (Mateo 16:24-25).
>
> Así mismo serán perseguidos todos los que quieran llevar una vida piadosa en Cristo Jesús (2 Timoteo 3:12).
>
> Porque a ustedes se les ha concedido no solo creer en Cristo, sino también sufrir por él (Filipenses 1:29).
>
> En cambio, si sufren por hacer el bien, eso merece elogio delante de Dios. Para esto fueron llamados, porque Cristo sufrió por ustedes, dándoles ejemplo para que sigan sus pasos (1 Pedro 2:20*b*-21).

Estas y muchas otras referencias devastan la creencia en la búsqueda del placer y la comodidad de muchos cristianos modernos. Al leer estos pasajes podemos concluir que el sufrimiento en la vida del cristiano es tan central como la fe. Sin duda, sufrimos *debido* a nuestra fe en Cristo.

Por un lado, a los cristianos se los llama a sufrir por Cristo. Y, aun así, muchos reaccionan ante el sufrimiento, o ante la lucha por la causa de Cristo, recurriendo a medios destructivos y violentos. ¡Nada podría ser más opuesto a la obra y al carácter de Jesús, nuestro Salvador! Él nos enseña una manera radicalmente diferente de soportar el sufrimiento y de esforzarnos por proclamar su nombre: «Ustedes han oído que se dijo: "Ama a tu prójimo y odia a tu enemigo". Pero yo les digo: Amen a sus enemigos y oren por quienes los persiguen para que sean hijos de su Padre que está en el cielo» (Mateo 5:43-45*a*).

Los apóstoles tomaron la enseñanza de Jesús y se la transmitieron a los cristianos. Pablo escribió a los que estaban en Roma recordándoles: «No paguen a nadie mal por mal. Procuren hacer lo bueno delante de todos. Si es posible, y en cuanto dependa de ustedes, vivan en paz con todos. No tomen venganza, hermanos míos, sino dejen el castigo en las manos de Dios, porque está escrito: "Mía es la venganza; yo pagaré", dice el Señor» (Romanos 12:17-19). Luego, cita Proverbios 25:21: «Por el contrario: "Si tu enemigo tiene hambre, dale de comer; si tiene sed, dale de beber"» (Romanos 12:20*a*). La instrucción de Santiago fue sencilla: «Todos deben estar listos para escuchar, y ser lentos para hablar y para enojarse; pues la ira humana no produce la vida justa que Dios quiere» (Santiago 1:19-20).

Se nos asegura que tendremos sufrimiento, por lo cual debemos negarnos al derecho a la venganza o al contraataque. Soportemos las dificultades como buenos soldados sin recurrir a la violencia.[28]

Uno de los ejemplos más convincentes de esta postura cristiana es la del Dr. Martin Luther King y la protesta civil no violenta de los años sesenta. Los afroamericanos sufrieron gran violencia a lo largo de los siglos en la historia estadounidense. El dolor infligido no discriminaba entre cristianos y no cristianos. Sin embargo, recién mediante el llamado profético del Dr. Luther King a los cristianos afroamericanos y a todos los estadounidenses a amar a sus enemigos y a condenar la violencia se produjo el cambio. A partir de allí se unirían la autoridad moral y el poder espiritual al punto de cambiar por completo los patrones de aflicción y sufrimiento que habían permanecido por mucho tiempo. La ética cristiana de amar a los enemigos y soportar el sufrimiento para beneficio de la justicia resultó finalmente en una redención social y moral para toda una nación.

SUFRIR COMO CRISTIANOS

Nadie espera con anticipación el dolor. Preferimos evitarlo. Y con mucha razón. El dolor y el sufrimiento son desagradables, incómodos y causan heridas. Instintivamente, buscamos la manera de evitarlos. Entonces, ¿cómo prepararnos para soportar el sufrimiento cuando este llegue a nuestras vidas?

La Escritura no solo nos alerta diciendo que vendrán tiempos de sufrimiento sino que nos enseña cómo soportarlo cuando este llegue a nuestras vidas.

Hay 3 tres cosas que nos ayudarán cuando nos encontremos en medio de la aflicción:

Recordar a Jesús

Nuestro Salvador es el «Siervo Afligido» de Isaías 43 y 53. Jesús es conocido por sus muchos padecimientos, y la Biblia dice que «ha sido tentado en todo de la misma manera que nosotros» (Hebreos 4:15). Entonces, al enfrentarnos a diversas luchas debemos recordar que nuestro Señor nunca se defendió verbalmente ni reprendió a sus atormentadores, que lo atacaban. Pedro recuerda a sus lectores cómo Jesús soportó el insulto y la amenaza para darles un ejemplo de cómo debía ser su propia resistencia: «"Él no cometió ningún pecado, ni hubo engaño en su boca". Cuando proferían insultos contra él, no replicaba con insultos; cuando padecía, no amenazaba, sino que se entregaba a aquel que juzga con justicia.» (1 Pedro 2:22-23).

Debemos tener presente a nuestro Señor que fue afligido y enfrentó el juicio con santidad y autocontrol. Él es nuestro ejemplo a seguir. Tal como dijo Ajith Fernando, director de una misión en lo que era la desgarrada Sri Lanka: «La visión de nuestro Salvador amándonos lo suficiente como para morir por nosotros elimina cualquier aguijón de los daños que nos hayan causado».[29] Por lo tanto, «debemos dar un vistazo a nuestros problemas y fijar nuestra mirada en Jesús».[30]

Recordar las promesas de Dios

El Nuevo Testamento relata que cuando los cristianos sufrían por Cristo recordaban que las promesas de Dios eran un recurso para resistir y ser valientes. El escritor de Hebreos nos habla de un grupo de cristianos así, que «soportaron dura lucha y mucho sufrimiento». Aunque, a veces, «eran expuestos públicamente a insultos y persecución; otras veces, se solidarizaron con los que eran tratados de igual manera», ellos «aceptaron gozosamente la confiscación de sus bienes» porque sabían que «tenían un patrimonio mejor y más permanente» (Hebreos 10:32-34). En medio de su «dura lucha y mucho sufrimiento» (versículo 32), soportaron todo por Cristo y su pueblo porque sabían que «tenían un patrimonio mejor y más permanente».

¿Qué les prometió Dios a los que sufren?

Primero, nos promete que nuestras dificultades resultarán en justicia y santidad. «Lo que soportan es para su disciplina, pues Dios los está tratando como a hijos» (Hebreos 12:7a). «Dios lo hace [nos disciplina] para nuestro bien, a fin de que participemos de su santidad. Ciertamente, ninguna disciplina, en el momento de recibirla, parece agradable, sino más bien penosa; sin embargo, después produce una cosecha de justicia y paz para quienes han sido entrenados por ella» (versículos 10*b*-11). A través de nuestras dificultades Dios promete hacernos más parecidos a Él.

Segundo, Dios promete estar con nosotros en medio de nuestras pruebas. «No temas, que yo te he redimido; te he llamado por tu nombre; tú eres mío. Cuando cruces las aguas, yo estaré contigo; cuando cruces los ríos, no te cubrirán sus aguas; cuando camines por el fuego, no te quemarás ni te abrasarán las llamas. No temas, porque yo estoy contigo» (Isaías 43:1-2, 5*a*). Dios permanece con nosotros cuando sufrimos por su Hijo. Él no nos abandona en nuestro tiempo de necesidad. Él nos promete, y nosotros debemos creer en su promesa.

Tercero, Dios promete liberación. Esta era la confianza del apóstol Pablo cuando consideró sus aflicciones más severas. En un punto, sintió que la sentencia de muerte había sido escrita en su corazón y perdió la esperanza de seguir viviendo. Y entonces, recordó: «Eso sucedió para que no confiáramos en nosotros mismos, sino en Dios, que resucita a los muertos. Él nos libró y nos librará de tal peligro de muerte. En él tenemos puesta nuestra esperanza, y él seguirá librándonos» (2 Corintios 1:9-10). En otra parte escribió: «Dios es fiel, y no permitirá que ustedes sean tentados más allá de lo que puedan aguantar. Más bien, cuando llegue la tentación, él les dará también una salida a fin de que puedan resistir» (1 Corintios 10:13). El Padre pone límites a nuestro sufrimiento y nos concede la libertad.

Y a estas promesas de santificación, presencia y liberación de Dios, podemos añadir todas las promesas del evangelio: el perdón de los pecados, la reconciliación y la paz con Dios, la vida eterna, la resurrección, la gracia y la esperanza. El sufrimiento es el crisol en donde las promesas de Dios se derriten en la profundidad de nuestras almas. Como resultado, somos hechos más como Él y lo soportamos con gozo.

Recordar nuestra recompensa

Al fin y al cabo, sufrir por Cristo parece un trabajo sin recompensa. Todo es arduo y desesperante. Sin embargo, en el Nuevo Testamento encontramos promesas asombrosas acerca de una recompensa venidera para quienes sufren en el nombre de Cristo.

Jesús prometió: «Dichosos los perseguidos por causa de la justicia, porque el reino de los cielos les pertenece» (Mateo 5:10). También les dijo a sus seguidores: «Alégrense y llénense de júbilo, porque les espera una *gran* recompensa en el cielo» cuando los hombres los maltrataran a causa de Él (versículo 12). Debemos recordar que el maltrato de los hombres está acompañado de una recompensa de parte de Dios. Y aunque el sufrimiento en esta vida sea prolongado no puede compararse con la gloria venidera. Nuestros sufrimientos presentes son leves y momentáneos en comparación con lo que vendrá (vea Romanos 8:17-18; 1 Pedro 4:13). Nuestra recompensa consistirá en tomar parte en la gloria de Cristo cuando él regrese.

Recordar esto nos ayuda a experimentar gozo en medio del dolor.

¿POR QUÉ HABLAR DEL SUFRIMIENTO EN UN LIBRO QUE HABLA SOBRE EVANGELIZACIÓN?

¿Existe algo que evoque más el temor al sufrimiento que la evangelización personal? El temor nos puede inmovilizar de tal manera que la evangelización se vuelva sencillamente sinónimo de sufrimiento. Necesitamos abordar este tema tan descuidado a fin de experimentar el poder liberador del Espíritu y la Escritura.

Específicamente, existen cuatro razones por las cuales debemos abordar el tema «sufrimiento y evangelización», especialmente cuando presentamos el evangelio a nuestros amigos musulmanes:

Primero, conocer la enseñanza bíblica acerca del sufrimiento nos preparará para sentir regocijo en lugar de sorpresa cuando este nos llegue. Algunos cristianos sienten temor cuando piensan en el sufrimiento. Otros se sorprenden de que Dios permita que sufran. Sin embargo, el apóstol Pedro dice que no deberían sorprenderse

(1 Pedro 4:12). Y más aún. Imagínese poder regocijarse en el sufrimiento.

Muchas veces los cristianos perdemos la esperanza y el gozo porque las aflicciones nos toman por sorpresa. Tropezamos espiritualmente porque las pruebas nos toman desprevenidos. Y hasta concluimos erróneamente que nuestras luchas son evidencia de que Dios no está complacido con nosotros o que estamos fuera de su voluntad. Por eso Pedro dice que esperemos el sufrimiento, y nos exhorta: «Alégrense de tener parte en los sufrimientos de Cristo» (1 Pedro 4:13). Y Santiago dice: «Considérense muy dichosos» cuando tengan que enfrentarse a diversas pruebas (Santiago 1:2).

Si esperamos los juicios como evidencia de que somos fieles cristianos podemos regocijarnos de que el sufrimiento es una insignia de nuestra fe sincera.

Segundo, conocer las enseñanzas bíblicas acerca del sufrimiento nos ayudará a evitar la conveniencia y el placer carnal que, de otra manera, podrían dominar nuestra vida. Aunque deseamos vivir en paz con todos los hombres no se trata de tener paz a toda costa. No podemos obtener paz a costa de la justicia, la integridad, la rectitud y la lealtad a Cristo. Debido a que Él nos hizo conforme a su imagen (Romanos 8:28-29; 1 Corintios 15:49) sabemos que no nos dejará amoldarnos a este mundo (vea Romanos 12:1-2; 1 Juan 2:15-17). El sufrimiento es una manera en la que Él nos desintoxica del mundo y nos hace aptos para el cielo. A través del sufrimiento, Dios conquista nuestros deseos carnales y afecciones terrenales. Es una manera en la que nuestro Padre amoroso nos enseña a vivir apuntando hacia la meta correcta.

Tercero, al conocer las enseñanzas bíblicas acerca del sufrimiento no temeremos lo que nos puedan hacer los musulmanes cuando les hablemos del evangelio. Jesús instruye repetidamente a sus discípulos en Mateo 10 que no deben temer (versículos 26, 28 y 31). Si permitimos que el temor nos dirija desearemos evitar toda dificultad y no lograremos hablarles a los demás de las buenas nuevas del amor de Dios a través de Cristo. En la mayoría de mis fallas como evangelista, y han sido muchas, el temor halló un espacio en mi corazón. Puedo recordar muchos momentos que parecían perfectos para dar alguna palabra de esperanza a alguien, pero no lo hice porque me encontraba temblando de miedo. En esos momentos el temor al hombre, al rechazo, a la confrontación, a perder prestigio o a algún otro leve sufrimiento me impidió compartir la palabra de vida.

¿Se ha sentido así alguna vez? Si le sucedió sepa que con una teología bíblica del sufrimiento usted puede testificar casi sin temor.

Cuarto, conocer las enseñanzas bíblicas acerca del sufrimiento nos ayudará a preparar a los musulmanes convertidos a soportar el sufrimiento. La mayoría de los musulmanes que ha abrazado la fe en Cristo probablemente enfrentará persecución inmediata. Así sucedía en la época del Nuevo Testamento; y es lo que le ocurre a la mayoría en el mundo musulmán. Seríamos negligentes como hacedores de discípulos si dejáramos fuera esta lección tan fundamental: «Serán perseguidos todos los que quieran llevar una vida piadosa en Cristo Jesús» (2 Timoteo 3:12).

Nuestra tarea es enseñar a los convertidos de trasfondo musulmán todo lo que Cristo mandó (Mateo 28:19-20), incluidas sus enseñanzas acerca de cómo soportar el sufrimiento con gozo y esperanza. Si no lo sabemos, y no les podemos comunicar que las riquezas de Cristo sobrepasan por mucho las pérdidas (Filipenses 3:7-11), no les seríamos útiles en su nueva vida como cristianos. Necesitamos una sólida teología del sufrimiento para poder llevar a cabo la gran obra de establecer discípulos.

Quinto, tener una teología del sufrimiento hará que desarrollemos una comunión más íntima con Cristo. Si pensamos que el sufrimiento debe evitarse a toda costa nos perderemos la única comunión con Jesús que se experimenta solo al compartir sus aflicciones. El Nuevo Testamento nos deja atónitos cuando declara que, debido a nuestra unión con Cristo, tenemos parte en su vida: tanto en los sufrimientos como en el consuelo. «Así como participamos abundantemente en los sufrimientos de Cristo, así también por medio de él tenemos abundante consuelo» (2 Corintios 1:5). El apóstol Pablo estaba determinado en su deseo de conocer a Cristo; así que procuró gozosamente tomar parte en el «poder que se manifestó en su resurrección, participar en sus sufrimientos y llegar a ser semejante a él en su muerte» (Filipenses 3:10).

EL MAYOR TESORO

Cualquier buen evangelista, sea que predique a los musulmanes de su vecindad, a sus compañeros de trabajo, o a cualquier persona hostil o mal informada acerca de Jesús, puede esperar desafío y sufrimiento. Tenga cuidado de no evitar sufrir por el nombre de Cristo. Busque las recompensas que Dios promete, incluida una relación más cercana con el Salvador, y continúe esforzándose.

Recuerde lo que el hombre rico le preguntó a Jesús: «¿Qué es lo bueno que debo hacer para obtener la vida eterna?», y Él le respondió: «Si quieres ser perfecto, anda, vende lo que tienes y dáselo a los pobres, y tendrás tesoro en el cielo. Luego ven y sígueme» (Mateo 19:16, 21). Sabemos que este joven se fue triste porque tenía muchas riquezas. En otras palabras, no quería sufrir pérdidas en este mundo a causa de la vida en el siguiente.

Era un hombre necio. Cristo es el mayor tesoro que podemos tener. Más que cualquier otro que el mundo nos pueda ofrecer. Tenemos promesas de vida con Cristo ahora y por la eternidad, lo que hace del sufrimiento algo menor. Tenga presente esta verdad cuando les presente el evangelio a los musulmanes. Recuérdeles que el costo de la conversión y el compromiso con Cristo valen la pena. Pues quienes lo siguen tienen vida nueva y esperanza eterna. Y, un día, cuando lo veamos, «seremos semejantes a Él» (1 Juan 3:2) y nos bastará con verlo (Salmos 17:15).

LO QUE DEBEMOS RECORDAR

1. Cuando experimente el sufrimiento por la causa de Cristo mantenga sus ojos fijos en Él, recuerde las promesas de Dios y espere su recompensa. «Les espera una gran recompensa en el cielo», dice Jesús (Mateo 5:12).

2. El sufrimiento no es inusual para aquellos que viven por Cristo. Nos puede llegar. Así que prepararse para ello y enseñar a otros a soportarlo es una parte necesaria de lo que significa hacer discípulos. Los musulmanes convertidos, en particular, necesitarán esta lección ejemplificada y bien enseñada.

11

LAS BUENAS NUEVAS PARA LOS MUSULMANES AFROAMERICANOS

El islam es una religión en la que coexiste mucha diversidad. Los musulmanes árabes difieren de aquellos que practica un islam de sincretismo popular en Indonesia, quienes, a su vez, son distintos de los musulmanes afroamericanos.

Por lo tanto, una pregunta importante que usted debe hacerse antes de predicar las buenas nuevas a un musulmán de los Estados Unidos es: ¿Con qué clase de musulmán estoy hablando? Hay ciertas diferencias claves entre los tradicionales y los ortodoxos, entre los musulmanes árabes y los afroamericanos. Significativamente, estos últimos constituyen la comunidad musulmana de mayor crecimiento en los Estados Unidos. Si usted tiene vecinos o amigos de este tipo, y desea alcanzarlos con el evangelio, sería útil que supiera algo acerca de su singular perspectiva.

Cuando recién me convertí al islam estaba fascinado por la fortaleza que veía en los musulmanes afroamericanos. Llevaban vidas limpias, hablaban maravillas de su familia y de la comunidad, y habían adoptado la causa de la justicia a favor del pobre y el oprimido. Nunca conocí otros afroamericanos como ellos.

CONVERSAR CON SALEEM

Saleem era un buen hombre, dedicado y atento con su esposa. Tenía una hermosa familia: tres varoncitos juguetones y dos niñas inteligentes. Trabajaba duro, en un empleo de tiempo completo, y a veces aceptaba algún otro trabajo de medio tiempo que se le presentara a fin de que su esposa pudiera quedarse en casa con los niños. Siempre que había una necesidad en la comunidad sabíamos que contábamos con su ayuda.

Frecuentemente yo bromeaba con él sobre los «descarriados» que llevaba a su casa, jóvenes que parecían tener hábitos extraños o necesidades poco convencionales. Realmente era un buen hombre.

Disfrutaba los días que pasaba tiempo con él. Eran noches largas de conversaciones intensas acerca de todo, desde historia, política y eventos actuales, hasta de la relación hombre-mujer, o teología. De él y de otros cuantos amigos musulmanes aprendí la narrativa dominante de los musulmanes afroamericanos, que puede resumirse en cuatro objeciones al cristianismo:

1. HISTORIA E IDENTIDAD

Los musulmanes africanos llegaron inicialmente al continente americano en el tiempo en que se realizaba tráfico de esclavos en transatlánticos. El islam incursionó en África occidental mucho antes de que el tráfico de esclavos alcanzara su punto máximo. Y muchos de los africanos esclavizados eran practicantes fieles.

Esta acotación histórica tiene un efecto interesante en muchos de los musulmanes afroamericanos de la actualidad. Les da un sentimiento de orgullo. Muchos afroamericanos creen que el islam es más autóctono de los pueblos africanos, de su cultura y de su historia que el cristianismo. Creen que ser musulmán es, de alguna manera, ser más «auténticamente negro». Las enseñanzas radicales de la Nación del Islam y de Malcolm X en los Estados Unidos tienen mucho que ver con esta perspectiva. Malcolm y la Nación denigraban al cristianismo como «la religión del hombre blanco», con su «Jesús de cabello rubio y de ojos azules».

Es importante saber que cuando compartimos el evangelio a los musulmanes afroamericanos no solo estamos teniendo una conversación religiosa. Muchas veces se trata más bien de una discusión sobre identidad racial. Así que necesitamos ser cuidadosos y escucharlos con atención. Y, si podemos, debemos asegurarnos de que no piensen que estamos atacando su identidad o que les estamos pidiendo que «traicionen» su propia historia y cultura. Después de todo, el cristianismo tiene raíces en África mucho más antiguas que el tráfico de esclavos o el islam.

2. POLÍTICA

El islam afroamericano —ya sea de la Nación del Islam o de expresiones más ortodoxas como la de W. Deen, El movimiento islámico americano de Mahoma— tiende a combinarse estrechamente con la filosofía política Negro-nacionalista[31]. Para muchos afroamericanos el islam representa cierta postura de reacción hacia la sociedad, historia y valores occidentales. Como fe, el islam fortalece la resolución política activista a favor de una autonomía, poder y determinación mayores ante la opresión y la privación de sus derechos.

Esto no es solo exclusividad de los musulmanes afroamericanos. ¿Recuerda al enfermero Jamal del capítulo 7? Pasó veinte minutos dándome su punto de vista acerca de los árabes y su relación con los estadounidenses antes de llegar a los temas espirituales. He tenido esa experiencia una docena de veces. Sin embargo, al hablar con los musulmanes afroamericanos muchos cristianos blancos podrían sentirse intimidados o mal preparados, lo cual se debe a que ellos combinan el islam con su identidad racial y filosofía política. Y, por ende, podrían ser tentados a evitar hablarles de Jesús por temor a un debate acalorado.

3. LA IGLESIA DE COLOR

Muchos afroamericanos también critican a la iglesia afroamericana histórica. Para ellos la iglesia ha dejado de ser desde hace mucho una voz profética que se levanta en defensa de la justicia y la igualdad. Muchos la ven como una organización muy complaciente con los privilegios y el poder de los blancos y, por lo tanto, responsable de retrasar el progreso afroamericano.

Desde ese punto de vista, la predicación de la iglesia sobre un «Salvador blanco» minimiza la autoestima y la autoconfianza del pueblo afroamericano. Los musulmanes afirman que si los blancos son la imagen de Dios, entonces, definitivamente los negros deberían adorar y servir a un Dios negro. Tanto fracasó la iglesia negra histórica que los musulmanes afroamericanos tienden a ignorar sus esfuerzos y afirmaciones. Ellos ven al cristianismo como una fuerza esclavizante y colonizadora, usada tanto por los opresores blancos como por sus delegados negros.

4. MASCULINIDAD Y FEMINIDAD VERDADERAS

Los musulmanes afroamericanos generalmente toman en serio a la familia. Suelen tener familias grandes organizadas con los roles tradicionales: el hombre ejerce el liderazgo y la mujer es sumisa. Para los afroamericanos el islam puede verse como la única fuerza que restaura la vida familiar sana, que incluye a los varones fuertes como proveedores, y a las esposas y madres virtuosas.

La devastación de la vida de la familia negra es atribuida a veces a lo que se considera como la influencia cristiana debilitante. A los hombres cristianos los ven débiles. Los musulmanes afroamericanos se oponen a que las iglesias y los hogares estén dominados por mujeres. Mucho del éxito del islam en las comunidades afroamericanas viene de la capacidad de la comunidad musulmana por reposicionar y fortalecer a los hombres afroamericanos, y por su preocupación por la familia.

ALGUNAS SUGERENCIAS

Una breve y poderosa narrativa emerge de estas objeciones. El islam se une a la supervivencia de la comunidad afroamericana, mientras que al cristianismo se le endosan muchos de los padecimientos de la comunidad negra. Por lo tanto, la liberación requiere el abandono de la fe cristiana. Recibir poder significa adoptar al islam como estilo de vida, una filosofía política y una identidad que repara las injusticias de siglos de maltrato.

Entonces, ¿cómo alcanzar a nuestros amigos musulmanes afroamericanos con tantos obstáculos en el camino? A decir verdad, ellos no son más difíciles de alcanzar que los árabes, los ateos o un vecino hindú. Las objeciones provienen simplemente de una historia de interacciones raciales que lleva a que algunos cristianos se sientan vulnerables e ineficientes como evangelistas. Sin embargo, el mismo evangelio que nos salvó a nosotros es el evangelio que salva a los musulmanes afroamericanos, de los cuales yo era uno.

Estos son algunos de los puntos que deberá tener en cuenta al hablar de Jesús a los musulmanes afroamericanos:

Primero, use las experiencias de la iglesia que la mayoría de los afroamericanos tiene. Aun si su amigo musulmán afroamericano es hostil a la iglesia negra, lo más probable es que alguna vez haya concurrido a una. Es más, seguramente algún miembro relevante de su familia (su madre o abuela) continúa formando parte de una congregación local. Y sin dudas tendrá recuerdos preciados y cierto respeto por la fe de ellos, aunque no sean del todo buenos. En fin, sabe que esa fe existe.

Por lo tanto, un buen tema para comenzar el diálogo pueden ser esos buenos recuerdos que tiene de la iglesia o aquellas cosas que respeta de la fe de sus seres queridos. Particularmente, si usted está intentando compartir el evangelio sin entrar en los temas étnicos o desde afuera de la experiencia afroamericana, hablar acerca de sus apreciaciones positivas de la comunidad afroamericana, incluida la iglesia, puede ser útil para guiarlo luego a conversaciones espirituales fructíferas. La mayor parte de los musulmanes afroamericanos conocen por lo menos algunos temas del cristianismo y han asistido a la iglesia, lo que será útil para llevarlos a la cruz de Cristo.

Segundo, concédale que hable de ciertos temas cuando le resulte posible. Cuando un musulmán afroamericano comienza a enumerar las injusticias históricas que su raza ha enfrentado, o a apoyar opiniones políticas que usted no comparte, ore y evite debatir con él. Y, cuando le resulte posible, acepte ciertas cuestiones que sean creíbles. ¿Quién puede discutir acerca de la brutalidad del cautiverio? ¿Quién puede defender legítimamente la segregación de Jim Crow? Y, definitivamente, no todo caso de racismo fue eliminado de la sociedad. Si somos humildes y honestos, debemos admitir que sucedieron, y que aún suceden, hechos trágicos, muchas veces en nombre del cristianismo. Yo nunca defendería las Cruzadas cuando intento hablar de Jesús con los musulmanes árabes. Sin embargo, ofrecer una defensa de la esclavitud al hablar con los afroamericanos sencillamente no sería útil. Apartaría la atención del punto principal, la cruz de Cristo. Así que permita que él hable de esos temas. Y, aún más, en lo posible condene el racismo y el maltrato hacia los demás. Luego promueva una ética bíblica, positiva, de justicia, compasión y misericordia. Insista en la necesidad de que las personas crean en Cristo para ser salvas de sus pecados.

Finalmente, demuestre la alternativa de una comunidad amorosa y personal. Por toda su retórica acerca de una hermandad y comunidad universal, en mi opinión, el islam fracasa en su intento de vivir a la altura de sus afirmaciones. Dentro del contexto afroamericano, «la comunidad» incluye de forma abstracta a «todos los afroamericanos». Muchas veces eso significa que muchos de ellos, incluso los musulmanes, viven realmente en grupos de vasta enemistad. «Comunidad» significa tener la misma filosofía e identidad políticas. Raras veces significa tener relaciones personales estrechas y amorosas.

Sin embargo, la iglesia cristiana, por definición, incluye unidad espiritual con Cristo y con cada cristiano. Algunas iglesias cristianas pueden fallar en ser lugares de comunidad genuina. Sin embargo, donde existen esas comunidades ellas proveen un relato opuesto y poderoso en comparación al que sostienen la mayoría de los musulmanes afroamericanos. Ese relato revela cuán vacía puede ser una «comunidad» filosófica y política. No hay nada como el amor tangible para persuadir a la gente a que considere la verdad acerca de Jesús (Juan 13:34-35). Y si además esas comunidades practican las enseñanzas sobre la familia y los roles correspondientes a cada género le restan atractivo al islam afroamericano.

LO QUE DEBEMOS RECORDAR

1. La mayoría de los musulmanes afroamericanos ha tenido algún contacto con el cristianismo y con las verdades cristianas. Recuerde usar esos puntos de contacto como disparadores para aclarar y explicar el evangelio.

2. Sea paciente en las discusiones con los musulmanes afroamericanos. Dese cuenta de que muchas conversaciones sobre religión también están ligadas a asuntos importantes sobre su identidad. Evite los comentarios críticos sobre identidad étnica o política, y centre su atención directamente en hacer comprensible el evangelio, el arrepentimiento y la fe.

CONCLUSIÓN

Tiempo atrás fui enemigo de la cruz. Me oponía al evangelio de mi Señor y a su pueblo. No creo haber tenido una visión del cristianismo más áspera que esa.

Sin embargo Dios me salvó. Y no solo me salvo sino que me dio el gran privilegio de predicar su evangelio y de pastorear a su pueblo. ¡No puedo entender cómo un cambio tan grande se produjo en tan poco tiempo! Miro hacia atrás, y al ver todos los años que viví como cristiano me maravillo ante las riquezas de la gracia de Dios.

De vez en cuando el Señor me concede el privilegio de participar en diálogos y conversaciones con musulmanes. Y a través de esos encuentros recibo pequeños vistazos de su inagotable sabiduría. Mientras una parte de mí lamenta el tiempo que perdí en el islam, la otra se regocija de saber que Dios tenía el sorprendente propósito de permitirme pasar esos años pródigos como musulmán con el fin de redimir esa experiencia y transformarme en un evangelista y pastor cristiano. Y hoy clamo junto con otro antiguo enemigo de la cruz, el apóstol Pablo: «¡Qué profundas son las riquezas de la sabiduría y del conocimiento de Dios! ¡Qué indescifrables sus juicios e impenetrables sus caminos!» (Romanos 11:33). Y, junto con él, me maravillo de la bondad de Dios: «Anteriormente, yo era un blasfemo, un perseguidor y un insolente; pero Dios tuvo misericordia de mí porque yo era un incrédulo y actuaba con ignorancia. Pero la gracia de nuestro Señor se derramó sobre mí con abundancia, junto con la fe y el amor que hay en Cristo Jesús.» (1 Timoteo 1:13-14).

El mayor mito acerca de la evangelización a los musulmanes es creer que ellos no se convertirán. Sin embargo estoy aquí para decirle que sí lo harán. Pero no porque yo lo diga, sino porque lo dice la Palabra de Dios: «[El] evangelio, ... es poder de Dios para la salvación de todos los que creen: de los judíos, primeramente, pero también de los gentiles» (Romanos 1:16). Y esto incluye a los gentiles musulmanes.

Pero no se detenga en mi historia. Vaya y juegue su papel en una historia mucho más grande: ¡Llevar personas de toda nación al conocimiento del Hijo de Dios, quien desea salvarlos y darles vida eterna!

Creo que en el evangelio hay poder de Dios. Y, al igual que usted, lector cristiano, yo también experimenté ese poder y nací de nuevo. Y hoy creo que este mismo evangelio es poder de Dios para ganar a nuestros amigos, vecinos y compañeros de trabajo musulmanes para Cristo. Conocemos suficientemente el evangelio como para ayudar al pueblo musulmán a encontrar la vida eterna a través del Hijo de Dios. ¡Transmitamos las buenas nuevas con gozo!

NOTAS

Capítulo 1: ¿A Dios se lo llama de otra forma?

1 A veces, evitar conversaciones sobre perspectivas cristianas del Corán puede ser difícil. Si necesita dar una respuesta informativa, útil y amena puede consultar estos autores: Norman L. Geisler y Abdul Saleeb, *Answering Islam* (Grand Rapids: Baker, 2002); Colin Chapman, *Cross and Crescent* (Downers Grove, Ill.: InterVersity, 2003).

Capítulo 2: El pecado del hombre reposa levemente sobre la consciencia musulmana

2 Chawkat Moucarry, *The Prophet and the Messiah: An Arab Christian's Perspective on Islam and Christianity* (Downers Gove, Ill.: InterVarsity, 2001), 99.

3 J. Budziszewski, *The Revenge of Conscience* (Dallas: Spence Publishing, 2004).

4 John Piper, *Brothers, We Are Not Professionals* (Nashville: Broadman and Holman, 2002), 114–15.

5 Ibid., 115.

6 Nabil es un nombre ficticio usado para proteger a una persona musulmana. Se trata de la que aparece en la biografía escrita por David Zeidan, *The Fifth Pillar* (Carlisle, UK: Piquant, 2000), 78.

7 Zeidan, *The Fifth Pillar*, 78.

Capítulo 3: Jesucristo: completamente Dios y completamente hombre

8 Ejemplares de libros muy útiles se han escrito recientemente. Personas interesadas en estudiar con profundidad este tema pueden buscar dos libros escritos por Randy Newman: *Questioning Evangelism:*

Engaging People's Hearts the Way Jesus Did (Grand Rapids: Kregel, 2004); y *Corner Conversations: Engaging Dialogues about God and Life* (Grand Rapids: Kregel, 2006). Mack Stiles: *Speaking of Jesus: How to Tell Your Friends the Best News They Will Ever Hear* (Downers Grove, Ill.: InterVarsity, 1995) es digno de un tiempo de lectura. Así como Mark Dever: *The Gospel and Personal Evangelism* (Wheaton, Ill: Crossway, 2007).

9 C. S. Lewis, Cristianismo... ¡Y nada más! (Editorial Caribe, 1977), 63.

Capítulo 4: Jesucristo: el cordero inmolado... y ¡resucitado!

10 Khaled Hosseini, *The Kite Runner* (New York: Riverhead, 2003), 76–77.

11 Esta es la perspectiva ofrecida, por ejemplo, por Phil Parshall, *Muslim Evangelism* (Waynesboro, Ga.: Gabriel Publishing, 2003), 159–61.

12 Bruce K. Waltke con Cathi J. Fredricks, *Genesis* (Grand Rapids: Zondervan, 2001), 244–45.

13 J. Gresham Machen, *Christianity and Liberalism* (1923; repr, Grand Rapids: Eerdmans, 2009), 135–36.

14 Wayne Grudem, *Bible Doctrine* (Grand Rapids: Zondervan, 1999), 310.

Capítulo 5: Respuesta: hay arrepentimiento y fe... y, luego, ¡arrepentimiento y fe!

15 C. John Miller, *Repentance and 21st Century Man* (Fort Washington, Pa.: CLC Publications, 1975), 26.

16 James Montgomery Boice, *The Gospel of John, Vol. 1: The Coming of the Light, John 1–4* (Grand Rapids: Baker, 1999), 224–25.

17 Para un debate más claro y útil sobre este tema, vea Chawkat Moucarry, *The Search for Forgiveness: Pardon and Punishment in Islam and Christianity* (Downers Grove, Ill.: InterVarsity, 2004); ver capítulo 9. Para un breve reseña de las enseñanzas islámicas sobre el pecado ver capítulo 7 en *The Search for Forgiveness*, y en el capítulo 2 de este libro.

18 John Piper, *Finally Alive* (Minneapolis: Christian Focus and Desiring God Ministries, 2009), 28.

Capítulo 7: Confiar en la Biblia

19 Tenga en mente que este no es un libro sobre apologética. Hay tiempos y lugares en donde se garantiza una defensa de las Escrituras más completa. Defender la Biblia no es lo mismo que proclamar el evangelio, o sea hacer el trabajo de un evangelista. Para compartir el evangelio todo lo que necesitamos es depender de la veracidad de las Escrituras, la cual simplemente necesita ser reafirmada, así como reafirman la veracidad del Corán nuestros amigos musulmanes. Para una introducción apologética excelente del Corán, vea James R. White, *What Every Christian Needs to Know About the Qur'an* (Ada, Mich.: Bethany House, 2013).

20 Para un breve enfoque de este tema vea Moucarry, *The Prophet and the Messiah*, 44–79.

21 Vea, por ejemplo, Sura 2:285; 3:93-94; 4:163-165; 5:46-48; 6:91-92; 17:55; y 21:103.

Capítulo 8: Ser hospitalarios

22 Shirin Taber, *Muslims Next Door: Uncovering Myths and Creating Friendships* (Grand Rapids: Zondervan, 2004), 114.

23 Ibid., 96.

Capítulo 9: Usar a la iglesia local

24 Paul Laurence Dunbar, *The Collected Poetry of Paul Laurence Dunbar*, ed. Joanne M. Braxton (1913; repr, Charlottesville: Univ. Press of Virginia, 1993).

25 J. Mack Stiles, *Evangelism: How the Whole Church Speaks of Jesus* (Wheaton, Ill.: Crossway, 2014).

26 Joshua Harris, *Stop Dating the Church* (Sisters, Oreg.: Multnomah, 2004), 47–48.

27 Charles Bridges, *The Christian Ministry* (Edinburgh: Banner of Truth Trust, 2005), 1.

Capítulo 10: Sufrir a causa del Nombre

28 Al decir esto, no sugiero que los cristianos no tengan el derecho de defenderse a ellos mismos o que los gobiernos no tengan el derecho de protegerse. Romanos 13 establece el derecho de que quienes gobiernan pueden llevar la espada. Y la instrucción de Jesús a los discípulos es que respeten a las autoridades.

29 Ajith Fernando, *The Call to Joy and Pain* (Wheaton, Ill.: Crossway, 2007), 79.

30 Ibid., 80.

Capítulo 11: Las buenas nuevas para los musulmanes afroamericanos

31 El islam afroamericano tiene bastante diversidad. Las expresiones de las organizaciones más antiguas del islam fueron las del Templo de las Ciencias Moriscas de América de Drew Ali, fundado en 1913. La Nación del Islam, popularmente conocida como «musulmanes negros», empezó en los años '30 bajo el liderazgo de Farhud Muhammad, llamado por sus seguidores Maestro Fard o Farhud. Elijah Muhammad, uno de los primeros estudiantes de Farhud Muhammad, quedó a cargo del liderazgo de la Nación del Islam después de la curiosa desaparición de Farhud Muhammad. Y dirigió la organización hasta su muerte en 1975. Unos años antes de su muerte, la Nación del Islam experimentó problemas de organización ya que su adherente más famoso, Malcolm X, sacó a un grupo de musulmanes de la Nación del Islam para formar una organización más ortodoxa. El movimiento de Malcom tuvo una corta duración. Rápidamente, el hijo de Elijah Muhammad, W. Deen Mohammad, siguió los pasos de Malcom y fundó lo que ahora se conoce como la Sociedad Norteamericana de musulmanes, un grupo de suníes afroamericanos. Louis Farrahkan sucedió a Elijah Muhammad como líder de la Nación del Islam. Varios otros grupos de afroamericanos musulmanes han surgido por todo Estados Unidos, incluyendo a Ansaru Allah o hebreos islámicos de Nubia y La nación de los dioses y las tierras (Nación del 5%).

Para otras lecturas, vea Clifton March, *From Black Muslims to Muslims: The Transition from Separatism to Islam* (Metuchen, N.J.: Scarecrow Press, 1984); y Elijah Muhammad, *Message to the Black Man in America* (Chicago: Muhammad Mosque of Islam No. 2, 1965).